所谓会说话 就是懂心理

梁礼堂 著

中国人口出版社
China Population Publishing House
全国百佳出版单位

图书在版编目（CIP）数据

所谓会说话，就是懂心理 / 梁礼堂著. -- 北京：中国人口出版社, 2018.7
ISBN 978-7-5101-5814-8

Ⅰ.①所… Ⅱ.①梁… Ⅲ.①语言艺术—通俗读物
Ⅳ.①H019-49

中国版本图书馆CIP数据核字（2018）第066913号

所谓会说话，就是懂心理

梁礼堂　著

出版发行　中国人口出版社
印　　刷　三河市明华印务有限公司
开　　本　710 毫米×1000 毫米　1 / 16
印　　张　12.5
字　　数　160千字
版　　次　2018 年 7 月第 1 版
印　　次　2018 年 7 月第 1 次印刷
书　　号　ISBN 978-7-5101-5814-8
定　　价　49.80元

社　　长　邱　立
网　　址　www. rkcbs. net
电子信箱　rkcbs@126. com
总编室电话　（010）83519392
发行部电话　（010）83530809
传　　真　（010）83538190
地　　址　北京市西城区广安门南街 80 号中加大厦
邮　　编　100054

前言 Preface

美国著名心理学家理查德·班得勒曾说过：“当你对一个人说话时，你不是想向他传达信息，就是想改变他。”不过，真正意义上的沟通是双方之间的交流。沟通是否能成功、沟通的目的是否能达到，一方面要看你说了什么，另一方面要看对方的反应如何。

人与人之间交流的过程，其实是一个心理沟通的过程。懂得说话心理学的人，在社会交往中，能够准确把脉对方的心理走向，通过言谈举止等一系列的外在变化，看透出对方内心所想，从而在交谈中做到有的放矢，把该说的话说出来；既满足了对方的心理需求，又达到了自己的目的，可谓一举两得。

那么，在与人交谈的过程中，我们该如何了解对方的内心变化呢？这需要我们在日常生活中留心观察每个人说话时的种种表现，并将这些进行积累和分析，从中得出结论和经验。当然，这是一个漫长的过程，非一朝一夕能够解决。

如何在短时间内成为一名把控对方心理的高手呢？本书就为广大读者提供

了一个契机，可以逐渐学会了解一个人在说话时的心理变化，从而在交谈中占据主动。

本书共分为九章，从不同的角度向读者剖析了一个人在说话过程中的心理变化，让读者能够在交谈中做出正确的判断，不至于让交谈出现不愉快的场面。例如，在与人交流时，要吃透对方的心理状态，摸清对方的情绪变化，然后把“暖心”的话说给对方听，从而拉近双方的距离。说服有技巧，有应注意的地方，比如，要有自己的主见，忌盲目，才能把话说到点子上。

总之，懂得说话心理学，跟任何人都聊得来，这对于你的事业、你的人生会有所帮助！

目录

Contents

第二章 言语之外：特殊“语言”为交谈增光添彩

第三章 把脉心理：说对方想听的话最暖心

第六章 拿捏分寸：让自己在交谈中进退自如

第七章 放下自我：让对方成为焦点

第一章

话从口出：做一名机智的心灵“捕手”

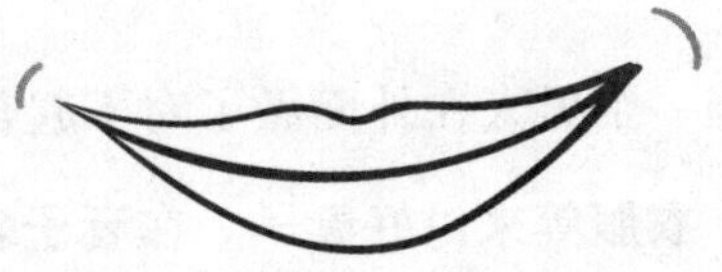

说话是我们与他人交流的主要方式。通过语言的交流，我们可以了解到对方的想法和诉求，同时也向他人传递自己的意图。懂得说话心理学的人，可以通过语气、语速、声调等，捕捉到对方的心理变化，从而做到心中有数。

辨析语速与声调，了解一个人的内心变化

有心理学家发现，当一个男人在外面做了对不起自己妻子的事情后，他可能会买一些鲜花、首饰、衣服等来讨好妻子。在妻子表现出有所觉察时，他就会比平常说话更流利，语速更快。

一对夫妻吃完晚餐后，闲坐在沙发上，一边品茶，一边翻阅着两人从恋爱到结婚拍下的照片。突然，一张陌生女人的照片进入妻子的眼帘。凭着女人的直觉，她觉得很有问题，于是她问丈夫：

"这是谁呀？"

"她是我朋友，以前的同学。"

"哦？我怎么没听你提起过？而且这张照片我以前也没在影集里见过。"

这时，丈夫突然间语速加快："哎呀，你肯定是平时工作太忙了，以前就有，那次我收拾东西的时候发现的，顺手就放在里面了……"

妻子明显感觉到有问题，但是她并没有跟丈夫大吵，而是温柔地说："亲爱的，我相信咱们的感情。既然是过去的同学，留一张照片也没什么。"

丈夫抬起头，看着妻子真诚的眼睛，终于卸下防备，缓缓地道出了实情：

“其实，她是我以前的女朋友。我们曾经同窗五年，感情很好，可毕业分开后，就再也没有彼此的音讯。前几天我在外地出差，竟然碰到她了，于是去她家坐了坐，这张照片就是上次从她家带回来的。如果你不高兴，就把照片丢掉吧……”

如同这位丈夫一样，在遇到不想谈的话题，或者被发现了某些不想被人知道的事情时，我们的潜意识里会有“赶快说完”的想法，因为我们希望倾听者能立即结束这一话题，以便结束我们内心的尴尬与不安。

当然，语速加快不一定都是说谎的表现。如果一个人平时语速就很快，那么他就很可能不是在故意掩饰。相反，如果平时说话慢条斯理的人，突然加快语速、拉高声调，这很有可能就是因为他想通过语速变化来掩盖内心的不安。我们可以根据这一点，在与人交往时，像上面那位妻子那样进行完美的引导，从而在疏导对方内心不安的同时，获得你想要的结果和答案。需要注意的是，即便你看透了对方的谎言或不安，也不要过度逼问，而应创造轻松宽容的话语环境，让对方自己说出真相。

一位老师在课堂上讲课，对某个重点一再强调，之后他想看看学生是不是已经听懂了，于是问道：“你听懂我说的内容了吗？”

这个问句很简单，就是问你是不是已经完全明白了他讲的内容。但是，如果他的问话是这样的：“你——真的——听懂——我说的内容了吗？”拖长的声音，是不是让你感觉不安？

一个人的表情体现在两个方面：一个是他的面部表情，就是脸上的肌肉反应；另一个就是他的“语言表情”。所谓的“语言表情”，就是这个人言谈的语气、音调上一些很细小的反应，很细微的变化。通过他的语气变化、语速快慢、音调高低，就能察觉他的心理变化。

声音会随着一个人的“气”而变化。所谓的“气”，我们可以简单地将它看作内心的反应。内心世界有变动，声音自然不会一成不变。

1.语气

内心平静，语气就顺畅、自然、平和，声音也会比较响亮；如果情绪比较激动，反映在声音上就是急促、激昂、高亢，声音开始往高音走。这是很正常的生理反应。

一个人说话支支吾吾的，说明他很可能在撒谎，因为这是没有底气的一种表现。一个人很诚信，很少讲谎话，对别人表达的意思没有半点儿虚假，那么他的语气就会很自然，而且听起来很顺耳，节奏分明，干脆利落。内心卑鄙龌龊、心怀鬼胎的人，一般说话阴阳怪气，有时候可能很刺耳，让人听不下去，也可能让人感到不知所云。内心比较柔和的人，讲话就像是小溪流水一样，缓缓而行，不急不躁，有韵律，不停顿，舒缓有致。

2.语速

语速是话语的又一重要方面，给人的印象也往往比较深刻。语速非常快的人，往往擅于交谈；语速很慢的人，多数不善言谈。这是正常情况下最自然的两种情况，但在非常情况下，就会发生变化。平时语速很快的人，突然结结巴巴、讲话不连贯，或者是平时讲话很慢，突然口若悬河，长篇大论，这种情况都是有可能发生的。针对不同的情况，就要进行不同的分析。

一般来讲，平时讲话比较快，但在某种场合下突然变得缓慢了，不那么快了，半天冒两个字出来，很可能说明这个人当时内心充满了不满或不安的情绪，对对方有很强烈的抵触情绪。平时讲话速度比较慢，但在特定情况下突然快起来，很可能是因为别人讲到了他的痛处，或者是碰触他的短处或隐私。自己的负面信息暴露了，他便要为自己挽回颜面，保护自己的社交安全，就会本能地加快讲话的速度，并用这种方式来掩盖问题。

3.音调

除了语气、语速，音调也会透露一个人的心理状态。音调拉高，说明他要开始反驳了，转防守为进攻，因为他要用这种方式从气势上来压倒对方，但这并不一定能达到效果。事实上，这只是他给自己的一种心理安慰，也是保护自己的一种反应。另外，提高音调也可能是希望别人能注意自己，比如，婴儿想母亲注意自己时，就会放声大哭。

★★★小贴士★★★

一般来讲，自信的人，言谈多用肯定语气，但也会表现出固执的一面，不容易采纳别人的意见；缺乏自信或一向软弱的人，讲话一般会比较慢，甚至是慢吞吞的，让人很着急，不过他们一般做事很沉稳，属于较为成熟的类型。

不同“口头禅”的心理解码

口头禅几乎每个人都有，只是用的地方不一样，用的对象可能也会有差别。这是一个人长久的习惯，是语言上的一种本能流露。比如，有的人喜欢用“真是的”，有的人喜欢说“可以，可以”，有的人则常说一些“骂人”的话，其实并不是骂人。

不同的口头禅表达的意思不一样，表露的个人性格也不一样。人的性格差异很大，所以就出现了不同的口头禅。日常生活中，有以下几类口头禅使用得比较频繁。在谈话中，通过这些口头禅，有助于读懂对方的心理。

1.单字

习惯在说话时加上“嗯”“哦”“啊”或“呃”等单字。这类人在生活中随处可见，总是在谈话的过程中加上一些停顿。一个在言语表达中经常停顿的人，可能不知道如何表达，因此往往选择最简单的单字。此外，习惯说单字的人可能是思维反应缓慢的人，他们在言语表达时常常用单字停顿，从而给思维提供缓冲的时间。

当然，并非所有说单字的人都是这样，做事谨慎小心的人也会在对话中以单字来延长思考时间。假如你仔细观察，还是很容易区分的。因为做事小心谨慎的人只在他们需要思考时才会偶尔使用单字，而词汇贫乏或思维缓慢的人在对话或演讲中总是重复使用单字。

2.强调真实性的词汇

经常使用的强调真实性的词汇有“说真的”“不骗你”“你知道吗”和“跟你说实话”等。

在陈述一个事实时，为什么有人会习惯性地加上这样的词语试图说服他人呢？这是因为有这种口头禅的人往往缺乏自信，他们潜意识里对自己的语言表达和魅力缺乏自信，对说服他人没有足够的信心。他们经常使用强调真实性的词汇是为了得到他人的信任和认可。

3.命令性词汇

命令性词汇较多，如“你应该”“你必须”“一定会”“一定要”和“肯定是”等。常使用命令式口头禅的人自尊心和自信心都很强，喜欢赢的感觉，对输可谓是“深恶痛绝”。他们专制且固执，领导欲强，总是试图控制他人、影响他人，希望他人能按照自己的意愿行事。

4.结论性词汇

有些人在讲话之前会很习惯地带上一句“所以说……”这类人一般很喜欢将自己之前讲过的话做多次强调、重复，然后做一个结论性的陈述。这种人很自然地认为自己比别人有先见之明，能够比其他人看得更远、望得更高，因为一开始他们似乎就知道了事情发展的方向，弄明白了所有的事实。

5.敷衍性词汇

常用的敷衍性词汇有“可能”“也许”“还好”“大概”和“差不多”，最常用的是“不知道”和“不清楚”。将这些敷衍性词汇常挂嘴边的人，往往自我防御程度高，不喜欢将自己的真实想法透露给他人。他们做事时沉着冷静，总是给自己留条后路，不想因为自己说错话而破坏了人际关系。

6.迎合性词汇

常用的迎合性词汇有“好的”“是啊”“不错”“有道理”和“你说得对”等。总是迎合他人的人通常不够自信，总认为他人做得比自己好，或者害怕与人交恶，总是对他人的观点采取肯定态度，知道怎样与人和睦相处。

7.模糊性词汇

模糊性词汇就是那些将话题来源或话题的准确性模糊化的词汇，诸如“据说”“听说”“他们说”“都说”“一般来说”“不过”“但是”“不全是”“也不是”等。经常使用这类口头禅的人通常是圆滑世故的人，不想承担责任，会用各种方式为自己开脱，将自己的责任转移给他人。

8.转折类词汇

有些人在谈话过程中会频繁地用到“但是”这个词。“但是”表达的是一种转折语气，当他认为对方的话讲得不对，或是认为事情并不尽然如此时，就会用到这个词。这本身没有任何问题，但是，如果使用得太频繁时，表明他们不想单纯地扮演倾听者的角色，而要作为“焦点”出现在大家面前。

★★★小贴士★★★

“口头禅”是心理的一种反射，可以反映出说话者的心理状态。积极的、上进的口头禅，表明说话者是积极向上的；而消极的口头禅，则表明说话者比较消极。

招呼打得好，才能沟通好

打招呼是日常生活中最常见的人际交往行为，通常展现的是一种友好、开放、接受的态度。如果一个人对你冷冰冰的，连个招呼也不打，那你难免会觉得不爽或尴尬。

早上来到单位和同事们说声“早”，下班时说“拜拜”，这些都是很常见的事情，也是很符合社会交往规范的。从这些词语上，我们可能并不能看出一个人的个性特征。不过，从一些特定的打招呼的方式上，我们就能有所收获了。

1.打招呼时的用词

其实，每个人都有其独特的打招呼的方式和打招呼的用词。“你好”是最常见的，但也是生疏感比较强的。习惯用这种打招呼方式的人通常比较冷静，很有礼貌，但这种礼貌往往带着一种疏远感，尤其是对已经很熟悉的同事或熟人打招呼时用“你好”的人，虽然他们的礼貌和教养会令人产生好感，但他们很难成为别人推心置腹的朋友。

“嗨”是从英文单词“hi”音译而来的，和“你好”的意思相近。由于

“嗨”是从英文演绎而来的，所以听起来更时尚、更有活力。习惯用这种打招呼方式的人无论年龄多大，都有一颗年轻的心。他们大方开朗，在一定程度上能够与时俱进，待人亲切且易于交往。和这样的人交往会感到轻松、舒服。

“喂”这个词乍听起来很不礼貌，如果在朋友之间使用却会产生一种说不出的亲切感。常用这个词打招呼的人通常活泼大方、直来直往，他们在生活中时刻充满活力，也不乏幽默感，对待朋友能够敞开心扉。

见面就问“最近怎么样”的人通常比较自信。这类人希望自己给他人的感觉是热情友好的，他们愿意向他人展现自己的魅力和感染力，也有耐心去处理好一段友谊。他们通常是行事作风具有领导风范的“能力派”，会让人产生敬畏感。

2.打招呼的距离

人和人的距离是很有讲究的，尤其是在打招呼的时候，如果我们能察觉出彼此的距离，就能很容易摸清对方对自己的态度以及他的性格倾向。比如，你和某个人打招呼，这时候他却退后了两三步。对你而言，这是什么信号呢？你可能在想：这家伙真不礼貌，我和你打招呼，你却离我那么远。但可能他认为这是谦虚的一种表示，但这种行为如果出现在社交场合，就会被认定为不礼貌。

有意拉开彼此的距离，表示的意思是戒备、疏远。如果是无意识的行为，就意味着对方潜意识里想避开你、远离你，同时希望在彼此的关系上找到优势心理，给你一种心理压力，让你一开始就在心理上处于劣势。

3.微微点头，目光紧跟

有些人和你打招呼的方式是点点头，同时眼睛一直在盯着你看，这说明对方想在彼此的关系中占据主动。他的眼睛一直盯着你的眼睛，说明他在猜测你的心理，想了解你在想什么。

和这种人打交道，不要过于急切，如果想有一个比较不错的关系，那么就需要循序渐进，要保持你的诚意。

4.目光不予直视

有的人打招呼一直都不看对方的眼睛，虽然你在看他的眼睛，希望得到一个正面的回应，但是始终得不到。有人认为这是对方的一种傲慢的态度，其实并不是这样；恰恰相反，这可能是因为对方自卑感很强或非常胆小。

与这种类型的人打交道，要注意保持一颗平常心，要平静地对待他的一些不被常人理解的反应，平等地看待彼此的关系，这样就能比较容易搞好双方关系。

5.打招呼时的热情度

一般来说，打招呼的热情度说明了和对方的亲疏关系。打招呼热不热情，不仅要听声音的大小，还要听语气。如果一个人在和你打招呼时声音很大，并且语气上扬，说明对方很喜欢你。相反，如果在打招呼时声音很小，语气低沉，没有任何的愉悦情绪，说明这个人对你的感情很平淡，甚至对你有些厌恶。

★★★小贴士★★★

打招呼是联络感情的手段、沟通心灵的方式、增进友谊的纽带，所以绝对不能小看。对自己周围的人，包括同事、邻里、同学等，都应该一视同仁，要亲切、友好地打招呼。打招呼看似是小习惯，但实则是一个人内在修养程度高低的重要标志之一。

恰当的称呼，拉近与对方的心理距离

在人和人进行交流时，称呼是一种标签，贴上不同的标签，不同的人之间就会有不同的关系界定。如果能用好称呼，让对方听着舒服，对方自然就愿意与我们多交流；相反，如果称呼得不好，让对方听着反感，对方自然就不愿意与我们多打交道。

在日常生活中，我们经常会听到这样的话："不用称我老师，叫我名字就行了。"听了这话，你便会感觉彼此的关系进了一步。为什么会这样呢？因为彼此的称呼与彼此的心理距离有关。两个人称呼的改变，通常意味着两个人心理距离的变化。

与人初次见面，人们一般会以对方的姓加上头衔来称呼对方，如刘经理、张老师等；相处久了，才会直呼其名。从心理学角度来讲，当两个人心理上的距离越来越近时，他们对彼此的称呼会从姓加头衔，到直呼其名，再到昵称。

然而生活中我们也经常遇到这样的情况：一个人与另一个人虽然相处不久，关系不算亲密，但也以名字或昵称来称呼对方。这其实意味着一方希望尽快拉近与另一方的心理距离。

销售员小刘去拜访某房地产公司的老总，见到前台负责人陈小琪，便说：“陈小姐，我是王总的朋友，我有很重要的事情要跟他谈。”

“对不起，今天王总吩咐不见客。”对方一点都不给面子。

第二天，小刘又来了。在彼此有些熟悉之后，他改变了风格，说道：“呀，发型变了，这个很适合你！以后就叫你‘小琪’好了。小琪，我有重要的事情想跟王总谈。帮我转告一声好不好啊？”说完，他热切地看着对方。

陈小琪这次没有拒绝，立刻帮他去通报了。

一般来说，比较正式的称呼，如“某小姐”，给对方的感觉是你始终与对方保持着一段距离，对方自然也就与你保持距离了。但是，直接称呼对方的名字，便会迅速拉近彼此之间的距离，增进双方的感情。可见，如果总是局限于陌生人的礼仪，你可能根本无法再进一步加强两个人的感情。要想与陌生人迅速建立关系，或者改变与朋友、客户之间的关系，就要改变对他们的称呼，用一些亲切的称呼来拉近彼此的距离。

当然，如何改变称呼还要看具体情况，并不是越早改变称呼就越好。应该根据双方关系的进展情况随机应变，有时需要留出一些时间让对方慢慢习惯，而不要太过急躁，这样才能在改变称呼时尽显自然。

红顶商人胡雪岩在初次拜见嵇鹤龄时，先是称对方为“嵇大哥”，然后称“老兄”，最后又改为“鹤龄兄”，在不露声色中就将彼此的关系加深了。

在社会交往中，我们要随机应变，在适当的时机用恰当的称呼去拉近与对方的心理距离。例如，遇到难以接近的朋友，我们不妨直呼其名；面对自己想要接近的同事，我们不妨偶尔称呼他的昵称。当然，我们要表现得尽可能自然，不要让对方感觉我们是在装腔作势或有意拉拢。

那么，我们怎么在称呼中了解彼此的心理距离呢？

1.姓加职称或头衔

这种称呼方式，不管是用在上下级之间，还是用在同级别的同事之间，心理距离都是很明显的。比如，我们称呼对方为“×××先生”，或者是“×××科长”“×××部长”一类，虽然有尊敬的意思在里面，但彼此的关系一定是比较生疏的。

2.直呼其名

直呼其名一般表示两人已十分熟悉。这种称呼在男女恋人关系中的表现尤其明显。一般来讲，女性如果和男性的关系没有达到一定程度的时候，会叫“×先生”，但是一旦关系亲密起来，尤其是两者确立了恋爱关系，那么女性一般都会改口，直呼其名；男性如果改口称呼女性的名字，有把女性一方当作“自己的人”的表示。

3.“您”与“你”

对于“您”这个字眼，一般是在初次见面或见面次数不多的情况下才会用到，它是很典型的社交礼仪用语，表示对对方的尊重。但如果朋友交往很久了，通常会称呼“你”，这是缩小彼此距离的一种表示。

4.“那个”或“那谁”

如果这两个词出现在一般的社会交往中，那很可能是一种不礼貌的称呼。不过，如果用于老夫老妻之间就另当别论。有些老年男性碍于面子会喊自己的妻子“那个”，意思类似于“那谁”，这其实是很私人的一种称呼。

以上讲的这些称呼，只是平时所用称呼中很少的一部分。不同的称呼有不同的含义和用处，需要我们在生活中细心去分析和体会。

★★★小贴士★★★

在社会交往中，我们要随机应变，在适当的时机，用恰当的称呼去拉近与对方的心理距离。例如，遇到难以接近的朋友，我们不妨直呼其名；面对自己想要接近的同事，我们不妨偶尔喊他的昵称。

学会从微动作识破对方的谎言

一只躲避猎人追杀的狐狸逃到了一个樵夫家里，哀求樵夫给自己一个栖身之地，为此它愿意在得救后将自己的尾巴交给樵夫。于是，樵夫就让狐狸藏进了小屋。

不久，一个猎人追来了。他向樵夫打听狐狸的去向，并愿意用一只兔子来交换。面对这样的情况，樵夫一面对猎人说狐狸往后山跑了，一面却用手指向小屋。然而，匆忙的猎人并没有注意樵夫的手势，便直接向后山追去。狐狸将这一切看在眼里。

猎人离开后，狐狸从小屋中出来，径直溜走。樵夫大骂狐狸背信弃义，狐狸却冷笑道："你以为我会像猎人一样相信你的鬼话吗？如果你不指向小屋，我一定会把尾巴交给你。可惜，你的手出卖了自己……"

从这个故事可以看出，识破他人的谎言，最重要的方法就是结合对方的行为判断他的话。心理学家普遍认同这样一个心理学规律：心理活动是通过行为来表现的，而非语言。

人撒谎时的某些行为，和正常说话时是不一样的。有时候我们仅仅凭借日常生活的一些经验就能一眼看出某个人在说谎，但是并不是所有的撒谎信号都那么容易辨识。这就需要我们对撒谎者表现出的一些特殊信号进行分析和了解。

1.眼神的反应

通常我们会认为一个人如果眼神游移不定，目光转移就是撒谎。因为人在撒谎的时候一般会心虚，所以眼神就会出现逃避行为，移向别处，而不是当事人。事实并非如此，有些人在撒谎时的确会出现眼神游移的情况，可是有些撒谎的人会盯着当事人看。凝视有一种控制对方的效果，他们是想用这种方式来告诉对方，他们讲的是真话。

另外，撒谎的人可能了解一些心理学常识，知道人在撒谎时眼神会游移，所以就会本能地做与之相反的动作，证明他们是诚实的。并且，转移目光有可能说明他们在思考，可能是一种自然反应，而不能说明他们在撒谎。

还有一个容易被误解的动作，就是眨眼过快。一般情况下，正常人的眨眼频率是每分钟20次，但是当他处于高度思考状态，或者是神经过于紧张，压力很大的时候，也会出现眨眼频率过高的情况。所以，如果对方眨眼过快、频率过高，不一定就是在撒谎。

2.看似不经意的小动作

除了眼神的表露外，撒谎者还会有一些其他的配合动作，这些动作可以比较明显地说明他们到底是不是在撒谎。

一般情况下，一个人撒谎次数的多少与他的撒谎心理成熟度并没有太大的关联，最重要的是他所撒的谎是不是影响较大，也就是说，这个谎言是不是很紧要。即便是对方经常撒谎，在他第一次撒大谎的时候也会很紧张。这时候他会很不安、很焦躁，手部会出现一些很不自然的动作。比如，他可能不自主地搓自己的手掌，或者是挠挠头皮，还有可能摸摸头发。

当然，如果一个人经过很多次类似的事情，也就是有了撒谎的经验，他就会很适应这种行为。此后，他在撒谎的时候就会刻意掩饰手部的动作，同时他的心理素质也变得更好了，所以表现出的不是不安，而是安静，比平时还要安静。

人在撒谎的时候还会经常做一个动作，就是用自己的手捂住自己的嘴。这个动作多数情况下是不自觉的一种行为。他们是希望用这个动作来掩饰自己撒谎的事实。对他们自己而言，这样做仿佛更有安全感。

还有就是摸鼻子，这一点在男性身上体现得比较明显，因为据科学家研究证实，男性在撒谎的时候鼻子里的一种物质会产生反应，导致撒谎者感觉鼻子很痒，忍不住就要去摸摸。而就女性而言，她的动作可能不是摸鼻子，而是摸下巴或脖子。

★★★小贴士★★★

要想识破他人的谎言，最重要的方法就是结合对方的种种细微动作判断他的话。只要你细心观察，就一定能发现蛛丝马迹。

把握对方心理，读懂他的言外之意

在交流过程中，人的理解能力很重要。假如一个人的理解能力很差，不明白说话者的真实意图，那么沟通必然无法顺利进行。不仅如此，如果我们不能准确猜测出对方所表达的意思，还很容易产生不必要的误会。

一天中午，一位顾客走进一家商店去买剃须刀。

“先生！”店员很礼貌地接待了他，“我们这里出售的剃须刀有好几种，价格也有所不同，您想要好一点的，还是要次一点的？”

顾客听到店员的话后，显得有些不高兴，便说：“当然是要好的，质量差的东西谁要呀！”

听到这话，店员就把价格最贵的剃须刀拿到顾客面前。顾客看了看，问道：“这是最好的吗？”

店员回答道：“是的，这是我们店里售价最高的剃须刀，还是名牌呢！”

“多少钱呢？”

“680元！”

如此高的价格，顾客显然没有料到。他微微皱了一下眉头，说：“怎么这么贵？我听说，最好的才不过200多元。”

“我们这里也有200多元的，但不是最好的。”

“那也不至于价格差的那么多吧。”

“质量不同，价格当然有所不同，还有几十元一个的呢。”

顾客一听，顿时面露不悦之色，想转身离去。这时，店老板急忙赶了过来。

“先生，您想买剃须刀是吧？我来介绍一种好产品给您。”

“什么样的？”

老板拿出另外一种牌子来，说：“就是这一种，您看看，样式还不错吧？”

“多少钱？”

“186元。”

“照你店员刚才的说法，这不是最好的，我不要。”

“我这位店员刚才没说清楚。有好几种牌子，每种牌子都有最好的货色，我刚拿出来的这一个在同一个牌子中是最好的。”

“可是，为什么价钱上会与那种牌子差那么多呢？”

“这是因为制造成本的关系。你知道，每种品牌的设计不一样，所用材料也不同，所以在价格上就会有不同。我向您推荐的这个剃须刀是目前市场上最受欢迎的，性价比是最高的，牌子老，信誉好！”

顾客很痛快地买下了这个剃须刀，愉快地离开了。

在上述故事中，顾客前后表现出来的两种态度验证了店员和老板两个人的说话效果。店员错在没有摸清顾客的真正心理。顾客一进门就要最好的，这表明他有很强的优越感，可是一听价钱他又嫌太贵。顾客把错误推到店员头上，是因为他不愿意承认自己舍不得买。老板非常明白顾客的这种心理，在不损伤他优越感的情形下，成功让他买了一款比较便宜的剃须刀。

这位老板之所以能够成功售出那把剃须刀，就在于能从对方的谈话中听出弦外之音，打探出对方的虚实，然后投其所好。

毫无疑问，生活需要“言外之意”。很多时候，我们说话不能太直接、太露骨。比如，批评别人时，不能伤了对方的自尊；面对别人的提问，你有难言之隐但也得给对方留个台阶下；事情紧急但涉及商业机密，只有你的亲信才能明白的暗语是最好的选择……

那么，在平时我们如何才能听出别人的言外之意呢？

1.了解对方的真正意图

要试着听出说话者的意图、期望、愿望、设想、观点、价值观等。你并不需要同意或接受这些概念、观点或者价值观，而是要尽力去理解它们，这样才能为下一步交谈做好准备。

2.仔细揣摩对方语言

同样的话对于不同的人来说有不同的含义，要尽力揣摩这些话的隐含意义。在瞬息万变的世界里，同一词语在48岁的父母和16岁的儿子眼里有区别，在50岁的老师和11岁的学生眼里同样有差异。如果沟通双方没有以同一方式理解，那么同一话语就会呈现出不同含义。

3.读懂非语言信息

手势、腿部动作、声调、眼神、面部表情，这些都是非语言信息，它们是信息传递的一个重要组成部分，用眼睛“听”（也就是观察非语言信息）和用耳朵听同样重要。

交谈大多时候是通过非语言方式进行的，这就要求我们不仅要听对方的语言，还要注意对方的非语言行为，比如，看对方如何同我们保持目光接触、说话的语气及语调、语速等，还要注意对方站着或坐着时同你的距离，从中发现对方的言外之意。

★★★小贴士★★★

在交谈中，要准确把握对方“脉搏”，确实要有一定能力，掌握一定方法，积累一定的经验，学会透过表面现象寻求心理实质，这样才能不为表面现象所迷惑，以至于误解他人的真正意思。

第二章

言语之外：特殊“语言”为交谈增光添彩

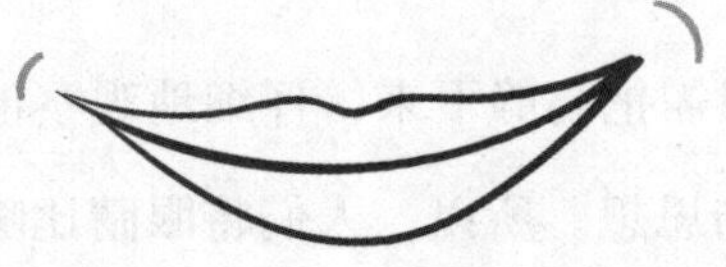

在与他人交流时，除了用声音表达自己的想法外，还可以用其他的“语言”方式表达出想法。当然，也可以通过对方的其他“语言”方式，了解对方的内心世界。懂得说话心理学的人，善于借助其他“语言”方式进行有效沟通，从而达到自己的目的。

透过眼睛洞察对方内心变化

读懂人心并不难，只需把心静下来，仔细地观察他人的眼睛，因为眼睛反映着一个人内心的情感与思想。所以，人们将眼睛比喻为“心灵的窗户”，日常工作或生活中，如果忽略了他人的眼睛，就无法了解对方的心理变化。

三国时期的诸葛亮是一位通过眼睛洞察对方心理的高手。

有一次，曹操派一个刺客去刺杀刘备，以除掉自己的心头之患。刺客见到刘备后，没有机会下手，便和刘备讨论如何削弱曹操的策略，希望借此赢得刘备的信任。两人正说着，诸葛亮推门而入。刺客心虚，借故上厕所。对方离开后，刘备对诸葛亮说：“这位奇士非同一般，可以帮助我们攻打曹操。”

诸葛亮却不这样认为，他叹了一口气，说：“主公的看法，与我恰恰相反。”

刘备一愣，问道：“先生何出此言。”

诸葛亮说：“刚才我观察了这个人，发现他神情畏惧，和我四目相对时视线游移不定，说明他内心藏有奸邪，他应该是个刺客！”

刘备一听，虽惊讶但不信，他马上命人去厕所找那位刺客。结果刺客早已翻墙而逃。

在瞬息之间，透过眼睛看出一个人的心理，固然需要先天的智慧，但更多的是靠后天的努力，因为这种智慧是需要一点点积累的。诸葛亮能够看透此人，主要是因为发现他的眼神闪烁不定。

每双眼睛有着不同的内容。通过眼睛，我们可以解读出许多内容。

1.眼神偏离

如果你在和一个人谈话，但是他的眼神一直不在你身上，那就说明这个人对你说话的内容可能一点儿都不感兴趣，或者对你没什么好感，当然也有可能是在想自己的心事。需要注意的是，如果你是上级，你的下属在和你谈话的时候，一般是不大可能一直盯着你的眼睛看的。

2.眼睛盯人或瞪人

如果你在和对方谈话时，他一直盯着你看甚至瞪着你，而且时不时地说一些比较消极的话，比如，“唉，没有什么办法了，就这样了”等，这说明他很可能之前说谎了，现在是故作镇定。

3.眼神暗淡

如果对方的眼神比较暗淡，那么传达出来的就是消极的信号，比如，你们的合作他很不看好。如果眼神积极、明亮，那就是积极的信号了，表明他对彼此的合作是很有信心的，也很愿意和你合作。

4.目光躲闪

如果一个人的目光总是躲闪，说明他缺乏足够的自信心，怀有自卑感，性情懦弱。但如果是恋人，那么躲闪的目光则有另一种含义，表明他（她）由于倾心于对方而感到紧张或羞怯。

另外，眼睛中的瞳孔可以反映人的心理变化：当人看到有趣的或者心中喜爱的东西时，瞳孔就会扩大；而看到不喜欢的或者厌恶的东西时，瞳孔就会缩小。

★★★小贴士★★★

眼睛的微表情蕴藏着丰富的含义，透过它们可以看出一个人是快乐还是忧伤，是烦恼还是悠闲，是厌恶还是喜欢，是坦然还是心虚，是诚恳还是伪善。比如，睁大眼睛就蕴含着多种不同的含义，但具体取决于脸部的其他特征：睁大眼睛的同时眉毛高耸、脸颊凹陷，可能表示恐惧；睁大眼睛时扬起眉毛并面带笑容，表示幸福和颇感兴趣；睁大眼睛迅速一瞥后就回到正常神色，则表示惊讶。

看懂嘴唇的“动态表情”

嘴巴是人与人沟通交流的一个重要的发声部位，是人体的一个十分重要的器官，同时也是人在表情这一复杂且无声的“语言”中的一个重要参与者。人的面部表情往往会牵动着嘴部，通过嘴形的微妙变化就可以洞察一个人的内心情绪、情感的变化。

人们在受到一些刺激后，嘴唇上往往会有一些不自觉的本能性的神经反射，当然也包括一些习惯性的。

1.嘴唇颤抖

当你在和一个人讲话时，如果发现对方的嘴巴会显现出轻微的抽搐、颤抖，这说明什么呢？这往往说明这个人的情绪开始变得激动，说明了他对你所讲的话，或者是你们所讲述、讨论的话题心有所动，并且反应较大。另外，这样的唇部动作也可能表明这个人有恐惧、慌张的情绪或难以抑制的气愤。

尤其在“试探性谈话”中，当对方听到你的试探后表现出嘴唇微颤，则表明其有所动容，由此你可以做出一个接近事实的判断，比如，对方是知情的。

2.嘴巴一角上扬

当你在阐述某一观点或是想法、看法时，如果对方的嘴部表情呈现一边嘴角上扬，则说明对方对你的观点、想法、看法持不屑态度，或者是对你的表述显得有些不耐烦。

就算对方表面上点头，或是口头上做出模棱两可的回答，或是不表态，不说赞同，也不说反对，你也能从嘴唇表情判断对方的真正想法：他有异议，或者起码他是不赞同的。在商务谈判中，一旦发现这种情况，便可以及时地对自己的谈话方式、策略等进行调整，以免造成谈判失败。

3.双唇紧闭，同时两边嘴角上扬

从表面上看，这似乎是微笑的表情，其实并非如此。真正的微笑是两边嘴角上扬的同时双唇自然分开，肌肉呈松弛状态，而非僵硬、死板的紧闭状态。

在与人沟通时，如果你发现对方在聆听时表现出双唇紧闭同时两边嘴角上扬，那表明对方是在应付你。可能是出于礼仪，他才表现出一个看似温和的表情，但他心里可能已经在想别的事情了。

当对方出现这个表情时，其心里往往希望对话或是正在进行的话题能够尽快结束。这个时候如果你能够抓住对方的微妙唇部表情，了解对方真实的想法，那么不妨暂时停下表述，征询一下对方的意见，或转换个话题，缓解一下气氛。

4.嘴唇绷得紧紧的

一个人的嘴唇绷得紧紧的，有可能是在担心自己受到欺骗。他希望通过嘴部周围肌肉的收缩来达到抵御外来侵犯的目的。当然，这个动作可能是无意识的。有时候他的上嘴唇绷得紧紧的，就是希望不受到自己的感情影响，或者是不受到他人的感情影响。

5.总是抿嘴

一个人时不时地抿嘴，这也是一种不友好的信号。它表示攻击和不耐烦的意思。一个人的嘴唇发白，表示他内心恐惧，没有活力。嘴唇的表情不单单是体现在动作上，如果嘴唇紧闭，当然不是很用力地在闭着，而是很自然地闭拢，说明此时的内心是很安静的，很自然的。

6.嘴巴张开呈呆滞状态

如果是半开或者是全开的状态，表达的是疑问的意思，也可能是感到非常吃惊，甚至是很害怕。我们在看电影的时候，如果某个女主角要表现自己很害怕，没有一个人是闭着嘴的。

7.舔嘴唇

有时候在和别人说话的时候，对方可能会不经意地舔舔自己的嘴唇。这说明他当时的内心要么很压抑，和你的谈话让他觉得很不自然、很不舒服，要么很激动，可能是听到了什么有利于自己的消息，或是一直有一个类似的消息放在自己心里，又不能公布出来。此时他会觉得口干舌燥，所以就会时不时地舔舔自己的嘴唇，或者是喝水，其实也喝得不多，就是抿一小口。

★★★小贴士★★★

嘴是面部表情中很富有表现力的一个部位。在人的面部器官中，嘴唇目标比较大，所处的位置也比较显著。哪怕是极细微的心理变化，也会被灵活的口匝肌表达出来。

眉毛传递出来的信息

眉毛在五官中究竟是怎样的一个存在？它不像眼睛、耳朵、鼻子、嘴巴那样负责人的视觉、听觉、嗅觉、味觉，却与之共同存在于人的面部。

其实，眉毛间所附的肌肉组织以及肌肉纹路（皱纹）的变化等，都可以向外表达出丰富的情感变化。比如，眉头压低、眉梢上扬，表示愤怒；横眉冷对，表示挑战、挑衅、敌对等情绪；挤眉并附带着弄眼，表示在示好、戏谑、诱惑等；眉毛上扬同时深呼一口气，便是我们常说的“扬眉吐气”，往往表示压力得到有效排解或暂时排解，或是某种发泄让他感到十分畅快……这可能就是人们通常所说的“以眉传情”。

下面，我们来解读几种眉毛的“语言”。

1.眉毛上扬

眉毛在上扬的同时会略微外展，两眉之间的肌肉以及眉毛与眼睛之间的眼皮会得以伸展，原有的细纹也会被拉平，而眉毛以上的额头部位的皮肤则会呈现因眉毛上提而引起的皮肤挤紧，两眉同时上扬时则呈现水平式的长长的皱纹。

当你发现某人在谈话中两个眉毛由平静渐渐地转变为同时上扬之势，则表明它的主人此时正处于极度惊讶或是十分欣喜的状态。如果对方在双眉上扬的同时再深呼一口气，就表明对方心中变得畅快或如释重负。如果对方眉毛呈现出“单眉上扬”，则说明他对于你所说的话、所阐述的观点或是所做的事情不理解，心中有疑惑。

2.眉毛微皱

皱眉其实是人表情中较为常见的，它是一种本能反应，尤其是在人体感觉到被侵犯或受到强烈刺激时，眉毛便会瞬间随着人的心理感受做出反应。举个最简单的例子：当一个人在遇到强烈光亮照射时，眉毛便会很快皱起来以保护眼睛；当有拳头向他的脸部或是眼睛挥来时，他也会本能性地紧闭眼睛，同时眉毛紧紧地皱在一起。

当然，并不是所有的皱眉都表示心理受惊与自我保护。比如，在你与人沟通时，你滔滔不绝，而对方言语很少甚至是不说话，始终沉默，同时眉头紧锁。对方这种表现的原因，有几种可能：一是他暂时不发表意见，而是在认真思考自己接下来的对策；二是他根本没有在听你讲话，思想神游到了其他事情上，而且在用心地思考别的事情；三是他十分认真听你讲话，但遇到了难题，觉得不认同或有疑问，在没有直接询问你之前，他在进行“自我解答”。至于具体属于哪一种，则需要结合对方的其他行为作出判断。

如果在你滔滔不绝讲话的过程中，对方始终平静，眉毛也处于自然平静的状态，但在某个瞬间眉毛轻轻地皱了一下，却很快又恢复平静了，这说明对方很可能是个情商高、喜怒不形于色的人，即便对你的话有反应，也在刻意地控制。这种人可能常常摸爬滚打于商界，经常出入谈判场合。谈判的高明手段之一就是不表现出过多的表情和反应，避免泄露自己的内心想法。

3.眉毛一升一降

就好像人在耸肩时的动作一样，一升一降，眉毛在上提时会有短暂的停留。

当你在与人交谈时发现对方的眉毛突然一升一降，如果这一动作发生在“你讲他听”的状态，这表示对方在你的言论中听到了令他惊奇的东西；如果这一动作发生在“他讲你听”的状态，那表示对方讲到了重要之处，提眉是一种用来强调话语的小动作。

4.眉毛一边上扬，一边下降

这种情况多发生在男性身上，当对方表现出“一边上扬，一边下降”这种介于扬眉与皱眉之间的表情，整个面部表情会看似一半激荡一半恐惧，此时上扬而起的那半边眉毛就好像提出了一个问题，这便反映出了对方真实的心理：怀疑。

5.眉毛快速上扬闪动

相对于“一升一降”在升起之后做短暂的停留，这一动作的不同之处便是快速闪动。在很多人看来，这似乎很明显是一种“挑逗”的信号，其实并不完全对。

的确，在某种情境中，如果一个陌生男人对你如此闪眉，挑逗的概率就很大。但如果是相互认识，尤其是许久不见的老朋友见了面，一方甚至双方相互做出这样的动作，反而是一种欣喜的表示。另外，即便是陌生人，如果是在欢迎仪式、接待等场合做出这样的动作，也不一定就是挑逗，或许是一种欢迎、友好的表示。

★★★小贴士★★★

眉毛是人心情变化的“显示器”，双眉的舒展、收拢、扬起、下垂反映出人的喜、怒、哀、乐等复杂的内心活动。汉语词汇对不同情绪时眉毛的动作有生动的描述：柳眉倒竖（发怒）、横眉冷对（轻蔑、敌意）、挤眉弄眼（戏谑）、低眉顺眼（顺从）、眉头紧锁（忧愁）、眉头舒展（宽慰）、扬眉吐气（畅快）、喜上眉梢（愉快）、眉飞色舞（兴奋）。

下巴是内心的“投影机”

下巴是人的五官中极为明显的一个部位。有人说，可以通过一个人的下巴将他的个人性格以及心理看懂个大概，这话并不是完全没有根据的。心理学研究表明，下巴的一些微小的动作能透露出一个人不同的心理反应。

1.下巴上扬

这是一种骄傲自大的姿态，似乎没有将别人看在眼里。如果是很突出的情况，即下巴抬得很高，颐指气使的感觉就很明显，可能会给人留下很不好的印象。另外，这也是一种很明显的具有相当优越感的体现。

在与人交谈过程中，如果你发现对方的下巴微微抬起，那可能说明对方心中对你的看法已经改变，也可能是因为你的某个动作、某个话题、某个观点，让对方一时对你产生了轻蔑的态度。还有一种可能，就是对方一直是如此自视清高，看不起人，或者对你的观点不认可，只是不愿表露出来。

一般来讲，上扬或者叫突出下巴的动作多是外张性的，带有一定的攻击性。可能当事人自己当时的内心并不一定那样想，不过其头脑里已经潜伏了这样的思想。下巴抬高的时候，人的心理状况是扬扬自得的，有优越感，自我感觉良好。此外，人的自尊心被伤害的情况下，会不自觉地将自己的下巴抬高。

2.下巴收缩

下巴收缩或微锁往往表示对方对自己极不自信，所以显得底气不足，没有精气神。一般来说，下巴缩起来的时候，人是很理智的，不太会感情用事，可能表明他正在思考一个问题。

有些人经常性地将自己的下巴缩起来，而不是抬着下巴做人，这样的人一般比较谨慎，性格比较内向，不容易让别人走进自己的内心世界。

3.抚摸下巴

有些人在面对一些情况的时候，喜欢用手抚摸自己的下巴，通常是在比较尴尬、不安、孤独或是极度缺乏自信时，他们做这个动作是想掩饰自己内心的尴尬，同时也是为了缓解自己紧张的情绪。这其实是一个人对自己的一种安慰。从心理学的角度来讲，这是一种没有安全感的表现。

但这种情况也不是绝对的，在不同的情境中，这个动作的意义也不尽相同。比如，一个人在十分得意时，也可能会用手抚摸自己的下巴。我国著名文学家茅盾在《林家铺子》中写道：“摸着自己的下巴，商会长又笑了笑。”结合整段话的语境，商会长摸下巴的这一动作就可以看出他对所说的话以及事情的思量，也同时伴有点得意的神色，说明他是一个谨慎的人。

★★★小贴士★★★

人类的下巴在判断情绪状态方面，提供了很多丰富的信息，它们甚至直接泄露人们的某些情感。高明的说话者，通过观察一个人的下巴，能够洞悉其心理活动，把握对方的心理变化，从而使自己在交谈中处于主导地位。

用微笑拉近心灵间的距离

微笑是人类与生俱来的能力，可惜这种宝贵资源常常被我们忽略。很多人不能常常把微笑挂在嘴边的理由：“现在压力那么大，哪里还有心思去微笑！”“上司派给我的任务让人愁死了！”……

提到微笑，很多人会想到《蒙娜丽莎》这幅名画。这幅画之所以能够流芳百世，除了它出自一个伟大画家之手，还因为蒙娜丽莎那迷人的微笑。无论何种情况下，一个人最动人的谈吐，首先是真诚的微笑。我们很难想象，板着的脸、怒气十足的脸、凶悍的脸会是一张美丽的脸。

舒宁去参加一个面试，10点钟准时到了公司。走进大门，她看到墙上贴着一则醒目的标语：“微笑是打动客户最美妙的语言。”舒宁知道，很多企业都非常注重公司职员的服务态度，看来这家公司也是如此。

开始面试了，舒宁有点紧张。她刚刚毕业，没有什么经验，在这里也没有认识的熟人，不知道等待她的将是怎样的考验。在踏入办公室前，她想起了姐姐跟她说过的话：“微笑能让女孩子的美貌增色三分。记住，只要你随时面带微笑，你就是一个漂亮的讨人喜欢的女孩子。”

于是，她做了几个深呼吸，慢慢扬起嘴角，两颊顿时挂上了她平时亲切、迷人的笑容。走进办公室，舒宁发现面试官的表情非常严肃，板着脸打量着她。她告诉自己：“伸手不打笑脸人。只要我始终保持微笑，相信他一定不会为难我。”

在倾听面试官的提问和回答问题时，她始终保持着淡然从容的甜美微笑。面试结束时，面试官终于露出了笑容：“恭喜你！你被录取了！毫无疑问，你的微笑为你的面试加分啦。”

微笑，可以缩短人与人之间的距离。即便两个从未谋面的陌生人，只需一个友好的微笑，彼此的心灵也会被拉近。

通常我们对待亲朋好友时，都能把微笑挂在脸上，但对陌生人往往很吝啬。这时候我们为什么不能微笑一下呢？我们为什么对陌生人这么吝啬自己的微笑呢？

有心理学家这样解释道：“‘不要和陌生人说话’已经成了目前许多人社交的准则之一。‘害人之心不可有，防人之心不可无’的心理，已经沉淀为人们的一种集体无意识，赋予人一种本能的警觉。因此，面对陌生人的微笑，人们首先不会想到是友好的信号，而是暗自琢磨：他为什么会无缘无故地朝我笑？他是不是有什么企图？”正是由于这种心理作祟，陌生人之间才难以跨越那一道“鸿沟”。

可是我们依然希望，人们不要紧绷着面孔，不要瞪大警惕与狐疑的眼睛，而要试着微笑一下。微笑，是能搭起陌生人之间的友谊之桥，也是一把开启陌生人心灵的钥匙。

与陌生人交谈时，先微笑一下，是一种心理的放松，是一种放下戒备的坦然。你也板着脸，我也板着脸，他也板着脸，所有的人都板着脸，这必然会阻碍陌生人之间的沟通和交流。而微笑就像一缕融化坚冰的阳光，让我们在面对陌生人时，内心不再戒备和紧张，变得轻松和愉快。微笑使陌生的环境里不再充斥着陌生与冷漠，而是和谐与温暖。

微笑除了是人类最美丽的语言，还是保证身心健康的良药。有神经内科专家曾指出：微笑能增强呼吸功能，清洁呼吸道，抒发健康的情感，消除神经紧张，使肌肉放松，有助于散发多余精力，驱散愁闷，减轻社会束缚感，有助于克服羞怯情绪等。

别以为微笑只是一个极简单的表情，它其实是一个十分复杂的过程。一个微笑可以让脸部四十几块肌肉同时运动，让大脑释放出内啡肽，从而使整个人都感到身心愉悦、精神倍增。

微笑不仅有利于社交，还有利于身心健康，我们为什么不微笑呢？那么，我们如何在与人交谈时保持微笑呢？

1.检验微笑

对着镜子亮出你感觉最美的笑容，然后用手把嘴巴遮住，看镜中自己的眼睛。如果你不能从自己的眼睛中看出笑意，那么你的笑容还不合格。

2.练习微笑

富有魅力的微笑是可以通过练习获得的。日本“销售之神”原一平就是通过不断地练习自己的微笑才获得成功的。怎样练习微笑呢？很简单，第一步，放松面部肌肉，然后嘴角微微向上翘起，让嘴唇呈现最自然的弧形，露出6~8颗牙齿；第二步，闭上眼睛，尽量去想象一些美好的事物，或去想让你开心幸福的事情，让你的微笑源自心底。

按照以上这两个步骤，反复地练习，直到你的笑容看起来自然和谐，不再僵硬，你就成功了。

日本的《上班族》杂志提出的一个练习微笑的方法也很不错：咬住一根筷子，露出上排牙齿，用双手按住两颊的肌肉，调整嘴角上扬的角度，直到你自己认为最满意为止，然后把筷子拿走。这时，呈现在你脸上的微笑就是最有魅力的微笑。

★★★小贴士★★★

在与人交谈时，如果你始终板着脸，不露一丝笑容，无疑会为自己的交际设置障碍。相反，如果你始终保持微笑地和别人交谈，那么，即使是陌生人，也有可能会很快熟络起来。

适当的手势为交谈锦上添花

在人与人的交往中，适当的手势能辅助语言表达，使语言表达得更准确。

小军和小峰都是某大学理工科的学生，他们对古汉语非常感兴趣，所以经常抽时间去听有关古汉语的课程。教古代汉语的老师是一位50多岁的教授，非常喜欢其他院系的学生前来听课，并且经常在课间辅导他们。奇怪的是，小军和这位教授聊得很投机，而小峰和这位教授聊起来很吃力。这到底是怎么回事呢？原来这与他们在聊天时使用的手势有关。

教授和小军聊天时，小军总是在表达自己观点时表现得很恭敬，在发表不同意见的时候，总是伸开胳膊，展开双手，显得很开放。尽管在一些问题上有不同的看法，但是教授依然很欣赏他。但是小峰就不同了，他总是把胳膊交叉，抱在胸前，给人以拒之千里的感觉。

在人际交往中，身体语言往往更能传达真实的内心情感，尤其是手势，通常能准确地反映人物内心的真实变化。因此，在交谈时，一定要多注意手势的表达，避免错误的手势传达错误的信息。那么，在交谈时该如何恰当地用手势来传达信息呢？

1.手势的使用要合乎惯例

在使用手势的时候，一定要注意使用大家都认可或知晓的手势，这样你使用的手势才能准确地传达想要传达的意思。如果你使用的手势别人看不懂，不但不能将你所表达的意思传递给对方，还有可能会因此引起误会，甚至不必要的麻烦。比如，介绍的手势、指示方向的手势、请的手势、鼓掌的手势等，都有其约定俗成的动作和意义，不能自己想当然地乱用。一般情况下，当看到自己不了解的手势时，大多数人都会保持沉默，以待观察，或者是从对方的话语中获得相应的信息。

2.手势的使用要适度

有的人在与人聊天的时候，两只手总是安静地待着，动也不动，这会给别人一种不舒服的感觉。人在聊天时，对方会观察你的身体语言，除了眼神外，还会观察你的手。所以，在与人交谈时，要适当地使用手势语。当然，也不能滥用、乱用。不管做什么都要有个度，如果过度了，就会给别人带来压力，同样，使用手语也是一样的。比如，握手表示欢迎，可是如果有人第一次一见面跟你握手，却握住不放手，就欠妥当了。

3.手势的使用要避免“雷”区

手势语的使用也有很多忌讳，如果不了解这些忌讳，就会给别人带来不好的印象，给人际交往无形设置了障碍。例如，介绍某人或为他人指路的时候，要使用手掌，四指并拢，而且需要掌心向上，这样能给别人一种受尊重的感觉，千万不要用手指对别人指指点点。生活中很多人总是在不经意间用食指指人，这是非常不礼貌的手势。

在与人交谈时，手势的幅度不宜过大，尤其不要手舞足蹈。一般情况下，手势上界不应该超过对方的视线，下界不低于自己的胸区，左右摆的范围不要太宽，应在人的胸前或右方进行。与对方第一次见面交谈的时候，避免抓头发、玩饰物、掏鼻孔、剔牙齿、抬腕看表等行为。总之，在使用手势语的时候，要多了解禁忌，避免因为自己的不了解而让人产生误会，给自己带来麻烦。

★★★小贴士★★★

通过手势可以对一个人的性格特征和心理状态有一定程度的了解。不自然的手势，会造成人与人之间交往的障碍；优美动人的手势，会使人感到心情愉快；柔和温暖的手势，会让人不由自主地产生感激之情；坚持果断的手势，会让人感受到某种力量。

小动作泄露内心的秘密

在与人交谈时，一些不经意的小动作可能会毁了我们的形象。这些小动作平时看起来似乎无所谓，但是在关键时刻就会成为致命的“杀手”。因此，千万不可小看这些不起眼的小动作。

小刘是某广告公司的销售员。一次，他去拜访一个公司的张总。在办公室里，对方热情地接待了他，随后两人开始交谈。

在聊天中，小刘的双腿总是不停地抖动，这让张总感觉极不舒服。当时，张总的注意力全部集中到了小刘抖动的双腿上，根本没有听到他说的话。等他说完了，张总一脸茫然。张总抱歉地笑了笑，说：“你能再说一遍吗？我刚才没有听清楚。”

于是，小刘又讲了一遍。这次，张总集中注意力听小刘说。小刘说话的时候总是带口头禅“以后”，说一句话一个“以后”，说两句话又一个“以后”，张总的注意力又被“以后”所吸引。等他讲述完第二遍的时候，张总依然没有弄明白他在说什么。

最后，张总委婉地告诉小刘：“你的产品我了解了，回头我联系你吧。”

从那之后，小刘再也没有见过张总，合作的事情也就不了了之了。

在生活和工作中，要尽量避免各种不良习惯，一旦发现，要尽早改正，以免影响你的人脉和正常的人际交往。那么，在生活中，改正这些不良的小动作有什么方法和技巧呢？

1.适当学习社交礼仪

到底怎样说话是对的？怎样说话是错的？怎样坐立能赢得别人的好感？怎样坐立会拒人于千里之外？这些具体的标准，除了从小从父母的言传身教中学到一部分外，还需要通过另外的途径来获得。适当地学习社交礼仪，是改正不良小动作的有效方法。要想让自己保持良好的形象，不妨多学习一些社交礼仪。

2.不间断地请人帮助指出不是

正所谓“当局者迷，旁观者清”，一般人很难发现自身存在的问题，再加上平日里谁也不会为了一个小动作而较劲，这就给那些下意识的小动作留下了生存空间。要想纠正自身的问题，不妨请一个身边的朋友或者是家人给你指出来。当然这时候要明白，别人挑你的毛病是为了帮助你。当你的那些下意识的小动作被挑出来，一一改正了之后，你再说话时就不会因此而受到影响。

3.养成良好的生活习惯

俗话说“习惯成自然”，平日里不注意自己的言行，觉得说一句不合适的话，或者是做一件不合适的事情也没有什么，你每次都有这样的心理，时间久了，就会形成习惯。这些不好的习惯会在不经意间蹦出来，或是因为条件反射而显现出来，让你陷入尴尬境地。要想让这些下意识的小动作不粘在自己身上，就要养成良好的生活习惯，不找借口，坚决杜绝。比如，说脏话，有的人觉得说一次没什么，说两次也没什么，可是渐渐就发现，自己竟然养成了随口说脏话的毛病了。试想，当你在关键时候，冷不丁冒出一句脏话来，别人会怎么看你？你的形象能不受损吗？所以，要养成良好的生活习惯，就要“勿以恶小而为之”，防微杜渐。

★★★小贴士★★★

细节决定成败，说话时也是如此。一些小动作看似细小，但很可能会影响谈话效果。作为社交的一分子，我们要做的就是让自己的行为与场合和身份相符，另外，要善于让自己的某些小动作增强自己的说话效果。

第三章

把脉心理：说对方想听的话最暖心

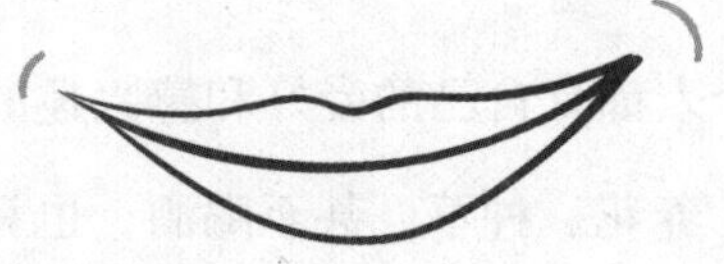

一个真正懂得说话心理学的人，并非字字珠玑、句句含金，却总能够知晓对方想听什么话、不想听什么话，需要什么话、反感什么话。因此，他们总能够运筹帷幄，在复杂的人际交往中得心应手、游刃有余。

洞察人心，了解对方想听什么

在日常生活中，每个人都有自己的爱好和感兴趣的事，也都有自己擅长的事情，琴、棋、书、画，养花、种草，甚至喝酒，也算得上是爱好。爱好是一个人的乐趣所在，就是通常人们说的快乐。一般情况下，为了获得这种快乐，人们都会愿意付出人力、物力和财力，甚至是情感的投入。

西汉初年，汉高祖刘邦打败项羽平定天下之后，开始论功行赏。这可是攸关后代子孙的万年基业，群臣们自然当仁不让。他们彼此争功，吵了一年多还没吵完。

汉高祖刘邦认为萧何功劳最大，就封萧何为侯，给他的封地也最多。但群臣心中不服，私底下议论纷纷。

封爵受禄的事情好不容易尘埃落定，众臣对席位的高低先后又起争议。许多人都说："平阳侯曹参身受70次伤，而且率兵攻城略地，屡战屡胜，功劳最多，他应当排第一。"

刘邦在封赏时已经偏袒萧何，委屈了一些功臣，所以在席位上难以再坚持己见，但在他心中，还是想将萧何排在首位。

这时候，关内侯鄂君已揣测出刘邦的心意，于是就顺水推舟，自告奋勇地上前说道："大家的评议都错了！曹参虽然有战功，但都只是一时之功。皇上与楚霸王对抗五年，时常丢掉部队，四处逃避，萧何却常常从关中派兵填补战线上的漏洞。楚、汉在荥阳对抗好几年，军中缺粮，也都是萧何辗转运送粮食到关中，粮饷才不至于匮乏。再说，皇上有好几次避走山东，都是靠萧何保全关中，才能顺利接济皇上的，这些才是万世之功。如今即使少了100个曹参，对汉朝有什么影响？我们汉朝也不必靠他来保全啊！你们又凭什么认为一时之功高过万世之功呢？所以，我主张萧何第一，曹参居次。"

这番话正中刘邦的下怀，刘邦听了自然高兴无比，连连称好，于是下令萧何排在首位，可以带剑上殿，上朝时也不必急行。鄂君因此也被加封为"安平侯"，得到的封地多了将近一倍。

这位关内侯鄂君在刘邦打天下的过程中，可以说是位名不见经传的小人物，但关键时刻他替刘邦说话，说出了刘邦心里所想，所以刘邦才对这位"知己"大加封赏。这就是说话的巧妙之处，善于洞察、揣度人心，恰当地说出对方想听的、自己该说的话。

说话是一种与他人的交流活动，一定要考虑对方的感受；只是满足自己的口舌之快，丝毫不顾及对方的反应就会让他人产生反感，甚至会给自己带来意想不到的恶果。

因此，在与人交谈时，我们应该细心观察，多寻找别人的兴趣所在，这样，在谈话的时候，才能寻找出更多的共同点，形成共鸣，迅速拉近彼此的心理距离，增进情感。那么，具体来说，我们应该怎样挖掘别人想听的话呢？

1.从对方关心的事情谈起

交谈时从对方十分关心的事情切入，是一种投其所好的重要方式，有利于打开交谈局面。

2.从对方最深切的情缘谈起

人是有情感的。交谈时，能从对方最深切的情缘切入，情深意切，往往能使其打开话匣子，达到交谈的目的。比如，你可以从对方的口音入手：“您也是××人吗？”

3.从对方在行的话题谈起

常言道：“三句话不离本行。”人们都喜欢谈论自己在行的话题。因此，与人交流时，要想接近对方，我们可以从他最在行的话题谈起，激发对方的谈话兴趣，唤起对方的成就感，让他觉得与你有共同语言，有“酒逢知己千杯少”的感觉，这样交谈就会形成好的局面。而对于你所熟悉的专门性学问，对方不懂，也没有兴趣，就请免开尊口吧。

总之，与人沟通，要善于发现对方所好，然后有的放矢，投其所好，打开对方的话匣子。做到这一点，交谈就成功了一半。

★★★小贴士★★★

俗话说“酒逢知己千杯少，话不投机半句多。”想与人相谈甚欢，就一定要懂得投其所好。在与人交谈时，如果可以将对方感兴趣的话题当作谈论的中心，就可以引起对方的谈话热情，保证谈话顺利进行下去。如果对方对你的话题没有丝毫兴趣，就容易出现冷场。

让对方成为交谈的“主角”

说话是一种权利，倾听是一种义务。美国的心理学家调查发现，职场高层的时间分配基本如此：9%的时间在“写”，16%的时间在“读”，30%的时间在“说”，45%的时间在“听”。由此可见，倾听其实是十分重要的。

人际交往的目的在于沟通，以此获得对方的好感。懂得说话心理学的人，善于用心倾听，如此才能获得说话者所要表达的完整信息，也才能让说话者感受到理解与尊重。

黄先生是一家地产中介公司的金牌销售员。他样貌一般，口才也不出众，但是顾客十分信赖他。他每月的成交量都相当高。说起黄先生成功的秘诀，只有一个，那就是认真倾听，了解顾客的心意。

黄先生曾经接待过一对老夫妇，两位老人是来给他们刚刚参加工作的独生子买房子的。两人对黄先生说，现如今男人没房子就不好娶媳妇，所以就算把家里的钱全都拿出来，也要给孩子买一套像样的房子，绝不能让孩子受委屈。黄先生听着老人的倾诉，不时地点头。他带着他们看了好几处房子，面积有大有小。老先生看中了一套120平方米三室两厅的房子，但是老太太希望买下那套80平方米的，一个房间给儿子和媳妇住，另一个房间给小孩儿住，足够了。两个人谁也不肯让步。

黄先生看这两个人马上就要闹僵，就说道："我建议你们买大的，因为将来您二老如果跟着住的话，80平方米的房子就有点小了。"老太太听了立刻叹口气："现在的年轻人，谁还愿意跟老人一起住啊！"

"您这是说哪里话呀，现在的年轻人的确希望能过一段甜蜜的二人世界，但是等将来有了孩子，还不是得您过去照顾？一家人热热闹闹的，才是真正的家嘛！所以，为了以后考虑，我建议您买套大的！"

黄先生的一番话说得老太太脸上露出了笑容，夫妻俩又同黄先生说起这么些年来为孩子的付出和担忧，言语之间颇多感慨。黄先生只是静静地听着，时不时地点点头，表示他感同身受。这对夫妻离开的时候，老太太说了一句黄先生渴盼良久的话："小黄，我和老伴儿回家准备一下，只要买房，就在你这儿买！"

其实，从头到尾，黄先生都没有说房子如何如何好，大多时候他只是在认真地听，并从中看出老人家十分疼爱孩子的心理。这么疼爱孩子的父母，一定希望能够和孩子住在一起，所以只要抓住这一点发挥，就能赢得他们的好感和信任，由此也就能进一步达到卖出房子的目的了。

有研究表明，听觉是人一生中最早拥有的感觉，当我们还是母亲腹中的胎儿时，就已经能通过羊水的波动倾听到外面的一切。现在请你不妨回想一下，当你的同事跟你交谈时，你可曾脸上显出一副烦躁、冷漠的样子？是不是闷闷不乐、双眼呆滞？是不是表现出一种消极否定的态度？因为不赞同他的说法，所以就显出一副失望、消沉、攻击的表情？如果真是这样，那么轮到你说话时，无论你的发言是否出色，仍然难以在对方眼中树立一个好印象，原因就是你不懂倾听，没把对方当作交谈的"主角"。

那么，怎样才能成为善于倾听的人呢？

1.保证倾听的专注度

在倾听他人说话时，精力是否集中，不仅关乎是否能真正理解对方话语的含义，是否能发现一些细节性问题，更体现的是对对方是否尊重，对对方的谈话是否在意。

倾听时，要做到身体往前倾，直接面向对方，注意力集中在他的脸、嘴和眼睛构成的三角区域，这不仅是能表达出一种尊重，更能表明你在认真倾听。

在别人说话的时候保持专注、不分心，就是最基本的倾听技巧。

2.倾听时用语言积极回应

听人说话时不可一味沉默，应有必要的语言反馈，如不时地说“是的”“明白了”“继续说吧”“对”等能够表明你一直在积极地听的语句。在对方谈到关键的问题或语句时，你有必要再简明扼要地重复一下或解释一下，如“你是说……”“你的意思是……”等，这样可以表明你不仅在认真地听，而且在积极地理解对方的话。尽量避免使用否定别人的回答或评论式的回答，如“不可能”“我不同意”“我可不这样想”“我认为不该这样”等。

3.倾听时用形体积极配合

首先，倾听时要采取轻松灵活的姿态。不必太紧张或太规矩，但也不能摆出一副无所谓的样子。没精打采的样子表明你漠不关心；脸部紧绷说明你心里紧张或不舒服；而抱着双臂、跷起二郎腿半躺在椅子里，脸上又露出颇有自信的表情则显得傲慢。总之，应做出乐意倾听而且看似很有兴趣与对方交谈的姿态。

其次，在倾听别人说话时要学会充分利用身体反应。可以利用身体的活动来表示对对方的理解，比如，用摇头表示你不相信，用手势来表明物体的大小比例。不过，在私人场合大踏步或挥舞手臂等夸张的动作就不合适了。

4.适当向对方求教

可以放低姿态，以讨教的语气进行交流，比如，你可以问对方："请问，您刚才说的电脑的配置，指的是哪些方面呢？"倾听时如此反馈，一来会体现出你在认真倾听，二来可以让对方做进一步解释，促进交流。

5.表达认同，但先要停顿一下

当对方讲完一些内容以后，不要凭自己一时高兴，想到什么就说什么，而应该先暂停几秒钟，确保对方已经讲完再说；否则，假设对方只是暂时停顿整理思绪，那么很明显，接话会打断对方的思路。

★★★小贴士★★★

有人说，人长着一张嘴巴、两只耳朵，就是为了"少说多听"。善于倾听别人说话，体现了一个人的道德修养水平，是尊重说话者的一种表现，是对说话者最好的赞美。专注地倾听对方讲话，可以使对方在心理上得到满足，使交流更为顺畅。

赞美得体，你将有意想不到的收获

一般情况下，谈话应该在轻松愉快的氛围下进行，这时不要吝啬你的赞美之词，因为每个人都渴望获得赞美。一句恰如其分的赞美能赢得对方的欣赏和信任，能增进人际关系，提高彼此之间的亲密度。当然，赞美也是个技术活儿，赞美别人只有从对方最在意的方面入手，才能取得意想不到的效果。

心理学家在对情绪的研究过程中，曾对赞美的作用如此定义："赞扬能使瘦弱的躯体变得强壮，能给恐惧的内心以平静和信赖，能让受伤的神经得到休息和力量，能给身处逆境的人以务求成功的决心。"

一位成功学研究专家曾经讲过这样一个故事：

有些单位的办事效率是很低的。可能办事的那些工作人员每天面对的事情太多了，所以看上去非常疲劳，服务效率很差。有时候小黄办一件事要跑好几趟才能够有结果。

有一次，小黄又到某单位去办事，接待他的是一个年轻的小伙子。在办事之前，小黄先问了他一个问题："先生，你在这里做了多久了？"

"四年了。"小伙子连头都没有抬，有一搭没一搭地回答了一句，显得非常不耐烦，“怎么？有什么问题吗？”

“是吗？难怪呢。”小黄故作惊讶道。

“怎么了？”小伙子用非常疑惑的眼神看了小黄一眼。

“我经常到这里来，但是没有见过你。不过我今天在这里有了一个巨大的发现，那就是：我发现在这里，你是从头到尾最卖力的一个。”

谁知当小黄说完这句话，那个小伙子的眼神马上变了一个样儿，整个人立刻来了精神似的，非常亲切，并开始着手办事情。

小黄趁机又美言了一句：“我真希望每次来办事都能遇到像你这么敬业的人！”

简简单单一句赞美的话，使原本不好办或办不成的事变得简单——这就是赞美的神奇力量！小黄的这次经历值得我们深思：赞美的话最容易满足对方的心理需求。平时，在处理人际关系时，如果我们能用好“赞美”这个工具，不但会避免很多不必要的麻烦，而且会让自己的人际关系变得更和谐。

一次，小高和几个朋友到一家餐馆就餐。他们进去的时候，客人非常多，服务生们要么面无表情，要么对客人的要求表现得不耐烦。小高虽然感到不舒服，但是他没有生气，而是想到了赞美。

一位女服务生过来上菜的时候，小高很诚恳地对她说：“美女，你的头发太漂亮了。”

服务员抬起头，稍有点惊讶，脸上露出了无法掩饰的微笑：“哪里，不如从前了。”

他的一位朋友跟着说：“你看，人家中国姑娘就是漂亮！”

那个女服务员非常高兴，红着脸轻声说：“我是泰国人。”

这时，他的另一个朋友马上接话：“就是，我说还是泰国姑娘看着性感！”

女服务员笑出声来了，表情可爱极了。接下来，每一位来为他们服务的女生，都得到了他们的赞美。自然，他们的用餐环境也轻松了很多。

谁不想每天拥有愉快的心情？不管是在生活、工作，还是人际交往中，一句真诚的赞美可以拉近彼此的心理距离。

那么，在谈话中，怎么去赞美他人呢？下面几点值得借鉴。

1.挑对方的独到之处进行赞美

有的人因为优秀或是拥有较高的社会地位，所以，经常能听到许多赞美之词。如果听的时间久了，会对一般的赞美感到麻木。如果你想让对方因你的赞美而记住你，要尽量使赞美新颖一些，眼光独到一点，从而留给对方深刻的印象。

2.具体而非笼统的赞美

赞美不一定要用华丽的言辞，相反，朴实而又具体的赞美更能俘获人心。必要的时候，如果能就对方身上一个具体的优点给予适当的赞美，往往比一些空洞的赞美更有效。

3.赞美他人要选择适当的时机

你需要留意何时去赞美对方。当对方提及某个话题或讲述他的一段经历，抑或言谈中提到某个地点等，都有可能成为你赞美他的引子。如果对方没有给你这样的机会，你可以自己作一个引子，目的是让赞美更自然，不生硬、唐突。比如，你可以说：“我常常在想，见到你的时候一定要跟你谈谈一直以来我对你的一些看法……”

4.采用适当的表达方式

赞美，不仅在于你说了些什么，也在于你采用了什么表达方法。赞美时，你应该直视对方的眼睛，面带笑容，注意自己的语气，声音要响亮、利落，切忌欲言又止、慢慢吞吞。如果情况允许，你还可以一边赞美，一边握住对方的手或是轻拍对方肩膀，以营造亲密无间的气氛。

5.赞美要恰如其分、适可而止

赞美的话要得体，要把握分寸，而不是虚情假意地恭维和奉承。用词听上去要自然，切忌矫揉造作，否则会适得其反。另外，赞美要适可而正。

6.赞美要真诚

每个人都希望得到他人真心实意的赞美。在人际交往中，真诚非常重要。英国研究社会关系的卡斯利博士曾经说过，大多数人在选择朋友时，都是以对方是否真诚来做衡量标准。如果你不是发自肺腑地去赞美他人，而是随意敷衍一两句话，会让人觉得你很虚伪，甚至是别有用心。如此，非但达不到赞美的目的，甚至会引起对方的反感。

★★★小贴士★★★

别人骂你一句，你骂他一句，这叫吵架。别人赞美你一句，你回他一句赞美，这才叫社交。赞美是拉近距离最好的方式。赞美不只是在取悦对方，而是让对方和自己的心情都变好，对彼此都有益，所以一切才会变得顺利。真诚的赞美是认可和尊重。

把话说到对方心坎里

在人际交往过程中，要想真正以口才取胜，必须学会找到倾听者的心里“动情点”，然后以此为突破口，遣词造句，把话说到对方心坎里，从而让对方认同自己的观点或接受自己的建议。

很久以前，当大家都还没有用上电的时候，一群姑娘晚上在一起做针线活，大家平分点灯的油钱。其中，有一个姑娘家里很穷，根本出不起油钱，但是她也跟着大家干活，后来被人发现了。

大家都想让她离开，姑娘恳求说：“我因为付不起油钱，每天总是早早赶到这里来打扫房间，准备好一切，你们来了就可以直接干活了。而我在这里干活的时候，大家不会因为我的到来，而耗费更多油钱，油灯也不会因为要多照顾我一个人而变暗。可见我并没有给你们造成任何损失，相反，我打扫房间，准备东西，节省了你们许多时间，这样大家不是都得到了好处？为什么一定要我走呢？”

大家听了她的话，觉得很有道理，便决定让她留下来。

这个年轻的姑娘很会说话，她能够第一时间把别人的利益放在首位，然后通过讲道理、摆事实，进而说服对方。

那么如何才能把话说到对方的心坎里呢？关键还是“动情点”，每个人都有过这样的经验：当你向对方诉说他认同的观念、立场、兴趣、爱好或经历时，两人的思想就很容易产生共鸣，交流就会很畅通。心理学家指出，这其实就是人的一种“相似相惜”心理。根据这种心理，在与他人交往时，如果我们能找到对方的“动情点”，就能把话说到对方心坎里，就很容易与对方建立起良好的交际关系。具体来讲，我们可以从以下几个方面入手。

1.根据别人的潜在心理需求说话

什么样的话才能直达人的心灵深处，才能说到对方的心坎里呢？这与对方的潜在心理需求有关。试想一下，如果我们说的话与对方的心理需求相吻合，那么对方肯定乐于接受。反之，如果我们说的话不符合对方的心理需求，就可能引起对方的排斥心理，甚至是反感和厌恶。所以，要把话说到别人的心坎里，首先要善于揣摩对方的心理，然后根据对方心理的潜在需求说话，这样说话才能达到事半功倍的效果。

2.根据别人的兴趣和爱好说话

在人际交往过程中，我们会面对各式各样的人，他们因职业、个性、阅历及文化素养等方面的不同，兴趣和爱好也不同。所以，在与他人交流的时候，一定要考虑对方的兴趣和爱好，根据对方的兴趣与爱好说话，更容易把话说到对方心坎里。

3.根据别人的性格特点说话

想把话说到别人的心坎里，还必须注意其性格特点。每个人都有自己的性格，且各不相同。所以，在与他人交流时，先要学会揣摩对方的性格。根据对方性格特点说话，说出来的话才更受听，更易于被对方接受。

4.根据别人的身份和地位说话

在与别人交流时，对方的身份与地位也是必须要考虑的一个因素。通常，如果说出来的话较符合对方的身份与地位，对方会乐意倾听，反之，会增加交流的难度。例如，我们和文化水平较低的人说话，就不宜文绉绉，说出的话要通俗易懂，否则，容易引起对方的反感；相反，如果我们和某领域的专家交流，可适当地用一些应景的词语或历史典故，这样才能和对方平等交流。

★★★小贴士★★★

与人说话时不能信口胡说，而是要根据倾听对象的情况，选择措辞，把话说到对方的心坎里；相反，如果我们说话的时候，不考虑对方的性格、兴趣、爱好、职业、身份等，很难将话说到对方心坎里。

坦言自己的小缺点，让人感到更真诚

社会心理学家埃利奥特·阿伦森发现：人们更容易接纳那些才能出众而又有一些小缺点的人。的确是这样，美国前总统奥巴马的太太和女儿经常在电视上爆料奥巴马在料理家务时常犯的小错误，但这并没有影响他的总统形象，反而得到更多美国公民的喜欢。爱因斯坦有一张经典的“鬼脸”照片，这非但没有降低人们对伟大科学家的喜爱，反而通过他顽皮的“鬼脸”捕捉到他亲切的一面。

知识尤如浩瀚的海洋，即使是一个杰出的学者，穷尽毕生之精力，也只能涉猎极少一部分。要想做到门门精通，无所不知，无所不晓，是根本办不到的。因此，人贵有自知之明。大胆地承认自己的无知与缺点，实事求是地看待自己，恰恰是有修养的一种表现。

帕瓦罗蒂在演唱到高潮的时候，突然停了下来。满座的听众都很奇怪，乐队也跟着停了下来，大家都不知道出了什么事。这个时候，帕瓦罗蒂坦诚地说自己忘记歌词了，请求大家的原谅，希望大家能再给他一次表演的机会。在一阵沉寂后，全场爆发出热烈的掌声。

事后，有人告诉帕瓦罗蒂："你完全可以做做口型，而不必承认自己出了错。相信观众肯定会认为是麦克风坏了，而丝毫不会怀疑是你的问题。"帕瓦罗蒂微微一笑："如果还有下次，我同样会认错。因为事实早晚会被人知道，那对我的声誉影响会更大。"

艺术家敢于承认自己的缺点，不但需要一种勇气，而且也需要一种精神。对于每一个人来说，这种精神都不可或缺，毕竟人无完人，总会犯这样或那样的错误，会表现出不完美。

1.说点自己曾经做过的糗事，犯过的傻

"金无足赤，人无完人。"每一个人都曾经犯过一些或大或小的错误，甚至做过一些难以想象的出糗的事儿。当你在与人交流时，适时穿插一些自己曾经出糗的事儿，通常会拉近你与对方的心理距离，让谈话的氛围变得更加轻松愉快。不过，在说这些事儿时，要有所选择，不要破坏了自己的形象。

一位成功人士参加同学聚会，在场的许多同学均夸他精明能干，把事业做得风生水起。这位成功人士敏锐地发现，这些赞美之辞虽然好听，却拉开了他与同学之间的距离。怎么才能改变这种局面，与昔日的同窗好友们打成一片呢？

他稍作思忖，站起身子，大声说："亲爱的同学们，你们可别说我精明能干了。其实我刚工作时可傻了，记得有一次我犯了错误，在那儿狡辩，领导气急了，说我'这么说我不应该罚你，还应该奖励你？'当时我顺杆儿就爬上去了'我本来想请两天假，您也别奖我了，能不能带薪啊？'当时把老板气得都乐了，最后挥挥手把我赶出去。"

成功人士话音刚落，传来哄堂大笑的声音，有同学甚至戏谑他笨到家了。这位成功人士通过爆"糗事儿"，成功遮掩了"成功人士"的光芒，与同学之间的关系因此也显得亲近多了。

2.表现出自己的犹豫和为难

人们常常看到成功的荣耀，看不到成功背后的为难和犹豫，有时候，不妨把这种为难说出来，或许会得到人们的理解和认可。“其实我当时也挺犹豫的，继续吧，遇到了‘瓶颈’，改变思路吧，也许形势会更糟糕，当时也是左右为难，恨不得把头发都拔光，幸好妈妈打电话过来对我说：‘犯什么愁，大不了回家跟妈妈种菜，妈妈养你。’后来才撑过来，其实这一路不知有多少风雨，我也很难的。”这种诉苦式的话也能迅速拉近人与人之间的距离，让人产生亲切感。

3.表现出生活中的烦恼

与人谈话的过程中，除了聊一些正式的话题外，期间适当添加一些自己在生活中遇到的“小烦恼”，这种小辅料看似不起眼，实际上能起到很好的交流效果。当你说出自己的“小烦恼”，对方会觉得你把他当“自己人”，从而消除了他与你的距离感和生疏感。

★★★小贴士★★★

“金无足赤，人无完人。”每一个人都犯过一些或大或小的错误，甚至做过一些难以想象的出糗的事儿，当你在与人交流时顺便穿插一些糗事儿，通常会拉近你与对方的距离，让谈话的氛围变得更加轻松愉快。

关心的话最能温暖人心

关心的话就像冬日暖阳，照在人的身上，能带来温暖。可见，多说一些关心对方的话，在人际交往中非常重要。比如，当别人心情低落时，多关心他、理解他，这样不但可以平复他的心情，减少他的痛苦，也可以快速增加他对你的好感。

有人说："要使自己成为幸福的人，就应当对别人关怀备至、体贴入微、赤诚相见。"著名心理学家阿德勒在《生活的意义》一书中说："对别人漠不关心的人，他的一生困难最多，对别人的损害也最大。所有人类的失败，都是由这些人造成的。"实际上，真心实意地关心别人，不但别人会受益，自己的生活也会变得顺利很多。

有一次，德国著名将军霍夫曼举行宴会，许多客人受邀而来。宴会进行到一半的时候，一个服务员上前给霍夫曼将军倒酒，却因为无意中与将军对视了一眼，一时紧张，将酒全洒在了将军的头上。

将军是光头，洒到头顶的酒流下来，弄得脖子上、衣服上到处都是，看上去非常狼狈。在场的所有人都为这个服务员担心，屏住呼吸。

出乎意料的是，霍夫曼将军神色轻松地拿出手帕擦了擦脑袋，微笑着对服务员说：“小伙子，我这脑袋已经秃了20年了，也曾试过你的这个方法，谢谢你！我还得告诉你，根本不管用！头发长不出来。别紧张，请重新给我倒一杯，不过这一次可别为了我的头发而努力了。”

霍夫曼将军用幽默的方式缓解了骤然紧张的气氛，同时也表达了对侍者的关心，不可谓不高明。

在生活中，大多数人往往苦叹不知如何消除与陌生人的隔阂，并与之愉快交流，直至成为朋友。其实，人与人之间的关心是相互的，你要想获得他人的认可与关心，先要学会关心他人。你敬我一尺，我就敬你一丈，一来一往，就没那么多隔阂与距离了。

玫琳·凯公司是美国乃至全世界都比较有名的化妆品公司，距今约有50多年的历史。随着公司日益闻名，总裁玫琳·凯也得到了“化妆品皇后”的美誉。

玫琳·凯之所以能够获得成功，有多个方面的因素，关心员工的成长便是其中之一。

有一位推销员虽然口才很好，但因经验不足，两次大型展销会上都没有卖出一件商品，情绪很低落。在第三次展销会上，她仅卖出了几十美元的东西，同样让她感到难堪。尽管这样，玫琳·凯仍然表扬了她：“很好，比前两次强多了！”听了上司诚恳的夸奖后，这位推销员异常欣慰。后来，经过不断努力，她最终成为一名推销能手。

要使别人喜欢你或者想与别人建立真正的友情，平时在与人谈话时，要多说一些关心对方的话，让对方感觉到你的真诚与友爱。例如，已深秋时节，你的交流对象还穿着单薄的衣衫，这个时候你说一句“现在一天比一天冷，身体是我们的本钱，以后外出要多穿点衣服”。对方听后，心里定会热乎乎的。再如，你发现对方有感冒的迹象，不妨说上一句："回去时，别忘了去药店买些感冒冲剂，提前预防，别因感冒影响正常工作。"这样的话，对方肯定乐意听，并且会对你的善意心存感激。

★★★小贴士★★★

假如在与别人交流的过程中，你只想引起别人的注意，让别人对你感兴趣，那你永远也不会得到真挚而诚恳的朋友。如果你在交流中习惯用心去关心别人，即便是陌生人也有可能成为朋友。

第四章

以理服人：“落点”越正越有说服力

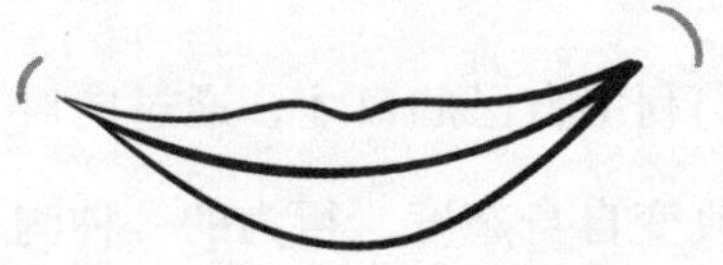

说服的关键在于让对方心服，如果你不懂得先“攻击”对方最容易被感动的那一点，只是一味地想在言辞上占优势，那你很可能永远也达不到自己的目的。一般来说，被说服的对象都会对前来说服他的人有所排斥和提防，此时应该先让对方接受你，然后以理服人。

看清说服的对象，做到心里有数

所谓说服，是指人们利用自己的口才，通过向对方讲道理、摆事实，使对方接受己方的观点，并改变自身态度、行为的一种沟通行为。说服对方之前，不但要考虑自己的需要、愿望，还要了解对方的心理需要、动机以及担忧，只有这样才能更好地说服对方。

一个周末的傍晚，许多青年男女伫立街头，他们中间有不少人正在等待恋人。这时，有两个擦鞋童高声地叫喊着招揽顾客。

其中一个说："请坐，我为您擦擦皮鞋吧，又光又亮。"

另一个却说："约会前，请先擦一下皮鞋吧。"

结果，前一个擦鞋童摊前的顾客寥寥无几，后一个擦鞋童摊前却围了不少人，大家都等着让他擦鞋。

同样招揽顾客，为什么差别这么大呢？

从这个故事我们可以看出，第一个擦鞋童尽管礼貌、热情，但他显然没有了解到此刻青年男女们的心理，黄昏时刻，天即将黑下来，皮鞋擦得又光又亮也没人看，而且谁又愿意为擦鞋而擦鞋呢？与他相比，第二个擦鞋童显然是一个口才高手，一句“约会前，请先擦一下皮鞋”，无疑说中了此刻青年男女的心思，在浪漫的约会即将开始的时刻，谁不愿意以干干净净、大大方方的形象出现在自己的爱人面前呢？可见，这个聪明的擦鞋童更了解年轻男女此时的心思，所以他能够借着“约会”的东风，成功说服人们光顾他的生意。

有一位歌星特别爱摆架子，有一次要参加一个大型义演的现场节目，时间是晚上九点。可是到了七点，这位歌星忽然打电话给唱片公司的经理，说她身体不舒服，喉咙很痛，要临时取消当天的演出。

经理听后，并没有生气，而是用惋惜的口吻说：“咳！真可惜，这次义演只有大牌歌星才会有机会亮相，你现在取消倒没什么，反正公司里还有很多人挤破头要参加。可是如果换了人，电视台一定会不满，以后再有类似的活动可能也不会邀请你了，现在有那么多后起之秀，别人想取代你也不是不可能，唉，你还是好好休息吧。”歌星听后小声地说：“其实我病得也不是特别厉害，要不你八点来接我，我想那时我的身体应该会好一点儿吧。”

其实经理很了解这位歌星，她根本就没什么病，只是喜欢摆摆架子，因此，他找准了对方拒绝的真实原因，进而有针对性地进行说服，结果成功说服对方。

如果我们要运用口才说服他人，首先就必须透彻地了解对方的心理活动，只有对别人的思想、感觉、看法了解得越清楚，才越有说服力，也才能更好地替别人剖析疑难、指点迷津。为此，我们不妨从以下几个方面入手。

1.了解对方的性格

不同性格的人对同一事物的接受程度是不一样的，如果对方性格急躁，我们可以用激将法来说服对方；如果对方性格沉稳，我们可以向他剖析利害关系；如果对方有些自负，那么适当的赞美也可以达到说服的目的。可以说，掌握了对方的性格，就可以按照他的性格特征，有针对性地进行说服。

2.了解对方的长处

一个人关心、了解的往往是自己最擅长的领域，如有的人喜欢养花养鸟，享受生活；有的人喜欢舞文弄墨，陶冶情操；有的人擅长商场拼杀，享受工作的乐趣等。因此在说服不同的人时，要学会从对方的长处入手，这样既能与对方产生共鸣，得到他的认同，也更容易说服他。

3.了解对方的真实想法

有时候，在我们说服别人时，无论怎样晓之以理、动之以情，对方就是不为所动，这时我们就要认真思考这样一个问题：如果一个人一直坚持某种想法而不改变主意，会不会是有更深层次的原因？只有设法了解对方的难处与苦衷，方能有针对性地说服。

★★★小贴士★★★

说服别人，除了要有理有据地向别人陈述自己的观点，使其态度、行为朝特定方向改变，还要深入了解对方的性格特点、心理需求、动机以及所面对的困境，这样才能更好地进行说服。

打个比方给人听，更能说服对方

中国人说话喜欢打比方，因为比方打得恰当，更容易让对方明白你说话的意图。让对方准确理解你的意图，是有效说服的前提，否则，你说话含糊不清，比方打得不恰当，极易让人产生误解。

《宋诗选注》是钱钟书的著作，在这部著作里，钱钟书没有选宋代著名诗人叶适的诗，而是选择了"四灵派"小诗人徐玑的诗。

叶适的诗在当时比徐玑的诗出名多了，可是钱钟书为什么不选他的诗呢？钱钟书是这样解释的：

叶适号称宋儒里对诗文最讲究的人，他的诗虽然竭力炼字琢句，可是语气不贯，意思不达，不及"四灵"派小诗人徐玑，还有那么一点点灵秀的意致。

所以，叶适尽管是位"大儒"，却并不能跟小诗人排列在一起。这仿佛麻雀虽然是个小鸟，飞得既不高又不远，终不失为飞禽，而那庞大昂然的鸵鸟，力气很大，也生了一对翅膀，可是绝不会腾空离地，只好让它跟善走的动物赛跑去吧。

这些话说得巧妙，令人不得不服。作者在讲了理论之后，又以麻雀和鸵鸟做比喻，让人们明白为什么用小诗人徐玑的诗而不选大儒叶适的诗。这一比喻使得道理更加明白易懂。

有一次，庄子穷得揭不开锅，于是，他只好硬着头皮去监理河道的官吏家借粮。

监河侯看见庄子上门求助，很爽快地答应借粮给他。他说："可以，等我收到租税后，就立刻借给你300两银子。"

庄子听完很生气，他愤然对监河侯说："我在来的路上，听到求救声。但是环顾四周却不见人影，仔细观察，原来是一条鲫鱼躺在干涸的车辙里。"

庄子叹了口气，又说："鲫鱼见到我，以为见到了救星，立即向我求助。它说它来自东海，不幸掉进了车辙里，无力自拔，眼看就要干渴而死，于是请求我给它点水，救救它。"

听到这里，监河侯问庄子是否救了鲫鱼。庄子叹息说："我答应救它，但是我说，要等我到南方去，说服吴王和越王，请他们把西江的水引到车辙里，然后把它接回东海去。"

监河侯对庄子的做法很不解，甚至觉得很荒唐："那怎么行呢？"

庄子说："是啊，鲫鱼听完我的话，很生气地说：'我现在离开了水，没有地方可以安身，需要几桶水解决目前的困境，你却说要引西江的水来这里，全是空话，你还没到达南方，我已经成了鱼干了。'"

监河侯这才明白庄子是在说自己，于是连忙道歉，并且立即为庄子装了一袋粮食。

庄子就巧用鲫鱼自比，把自己愤怒的心情通过鲫鱼的口表达出来，并由此改变了监河侯的态度，从而达到了说服监河侯借给自己粮食的目的。试想一下，如果庄子在听到监河侯的话后，愤怒地指责他，或者随便骂他一通，庄子还会借到粮食吗？

所以在说话的时候，适时地打个比方，会使复杂和抽象的东西变得简单、具体。这样一来，别人能更好地理解你的意思。这较之言之无据地讲胡话，自然会更精彩，也更有说服力。

★★★小贴士★★★

当我们试着说服人们改变想法，而又不便把话说得太直接，这时可以借助打比方的方法，委婉、准确地把自己的意思传达给对方，让其领悟我们的真实意图。

找出话题，作为说服基础

爱好摄影的人都知道，直接拍摄聚光灯下的演员会曝光，且完全看不清被拍摄的人物。要拍摄出清楚的照片，必须采用部分受光的技术，根据被摄物体的曝光程度来拍摄。

说服他人也是这个道理。说服前，要先探查对方是什么样的人，然后考虑以怎样的方式接近对方，并准备好要说的话，这样才不会慌乱。

有一位评论家曾愤慨地说："在这之前，有家出版社专门出版我的书，可是他们从未看过我的书，他们常常这样要求我：'拜托你！什么都可以，写些东西让我们交差就行。'这使我无法招架，却也容易下笔。但是他们认为'原稿的内容无关紧要，什么都可以'的想法，实在是太失礼了。"

可以理解这位评论家的感叹。有事相求对方的时候就该仔细收集有关他的资料，这是一般常识，而出版社的工作人员显然没有这么做。如果换一种表达方式，或许效果会更好。比如："读了先生的作品，我大受感动，特别是其中精彩的论点，虽然我也曾试着仔细思考，但一直存在与您相同的疑问。"如果这样说的话，对方会认为"这个人下工夫看过我的书"。虽然并不一定是如此，但是至少表示了对这本书的兴趣，这样一来，这位评论家也会有"再写下去"的心情。

找话题的时候，要考虑以下几点。

1.找出共通点

在收集对方资料的同时，也要找出和对方共通之处，一旦话题接不下去，可以拿这些共通之事来"说事"。那么，我们该如何找出共通点呢？

首先，我们要察言观色。一个人的心理状态、精神追求、生活爱好等，或多或少地在他们的表情、服饰、谈吐举止等方面有所表现。你可以多留心对方在生活和工作中的一些习惯，注意聆听对方的话，还可以向对方周围的人打听对方的兴趣爱好。从精细的观察中，总会找到你们的共通之处。

其次，你还可以与对方聊一些日常生活中的知识，在这方面可能更容易找到共通之处。你还可以和对方一起参加一些活动，在接触中慢慢寻找与对方的共通点。另外，如果你觉得自己与对方确实找不出什么共通点，那不妨自己"制造"一个，比如，对方喜欢看球，那你不妨也多培养这方面的兴趣爱好。

当然，凡事都讲究自然，如果太刻意就不好了，会让对方觉得你在故意接近他、讨好他，这一点一定要牢记。

2.了解对方所处的立场

时间可分为"物理的时间"和"心理的时间"。所谓心理的时间，是指在当时心理状态下，对时间的感觉。比如，晚上加班到9点或10点时，会觉得时间过得很慢，身体也容易疲惫，但如果换成娱乐，如打牌、饮酒等，会感觉时间过得飞快。

所以，人在不同的心理状态下，对时间的感觉是不同的。同样的道理，面对同一件事情，所处的立场不同，会有不同的心理体验。

有位上了年纪的老婆婆，和儿子媳妇住在一块儿。一个星期天早上，从二楼下来的儿子，一手抱着孩子，一手帮孩子穿衣服。见此情形，老婆婆心想：“媳妇也太不像话了吧！自己躺在床上，却要先生照顾小孩，真是过分。”

另一个星期天上午，女儿出外旅行，这时她瞧见女婿在厨房里忙着做饭给孩子吃。老妇人不由得感慨道：“女儿好幸福啊！”

迁就自己人，往往就会从对自己人有利的方面去解释一切。

说服他人时，不考虑对方的立场，或是找些莫名其妙的解释来搪塞，都会使事情更难处理。“你真是个随便的人！”“难道你就不是吗？”人们之间之所以经常发生口角，大多是因为双方只考虑自己的立场。当然，要站在对方立场说话，实在不是件容易的事。如果我们真的能站在对方的立场考虑问题，并帮着他说话，事情往往不会像我们想象的那么复杂，说服反而变得简单了。

一个常在办公室抽烟的职员，曾经发誓戒烟，持续了一个月后，忍不住又去抽了。如果上司说：“不是说不抽了吗？怎么又开始抽呢？”容易引发职员的逆反心理。但如果他说：“戒烟可不容易啊，你能坚持一个多月，已经很不简单了！”职员听了一定会自生惭愧，暗下决心：坚决把烟戒掉。

人对于考虑自己立场的说服者，往往能给出积极的回应，也会做更多的换位思考。所以，说服不一定非要证明自己的观点、立场多么正确，也要考虑对方观点的合情合理之处。

★★★小贴士★★★

如果要说服一个人，须事先搜集有关其兴趣、爱好、家族成员、出生地等资料；如果是说服公司领导的话，则需了解其经营状态、往来客户及其他的信息等。将这些信息记录下来，灵活运用于沟通工作中，能有效地增强说服力。

说理应掌握方式，用事实说话是核心

人人都会讲道理，人人都能讲出一堆道理。道理讲得多了，并不见得有什么效果，但如果摆出一两个与道理相关的典型例子，就会具有无法辩驳的说服力。事实面前，谁还能理直气壮地把错误观点和主张坚持下去？

许多时候，为什么我们很难说服别人？就是因为道理讲得太多，事实说得太少。事实证明，能说服人的往往不是道理，而是事实，就像法院断案，最终能让双方心服口服的，一定是铁一样的事实。所以，最好的改变别人错误观点的方式就是用事实说话，这也是说服的核心。

通过讲理说服他人时，要特别注意以下几点。

1.清楚事实是什么

用事实说话，是最具说服力的，在铁的事实面前，任何谎言和谬误都会被识破，说理者必定凯旋。

有时候，一个事实看着简单，但要真正掌握它并不容易。这需要你洞悉它所隐藏的道理——同一个事例，经常有几种道理隐藏其中，从不同的角度看，折射的道理有所不同，但总归有一个最佳角度。

2.用事实做论据

说理实际上就是议论，说理过程可以认为是口头的议论形式，写议论文最常用也最有效的方法就是事实论证。

议论文有论点、论据、论证，说理也可划分这三方面内容。说理往往运用的是驳论和立论混合的论证方法。说理的整个过程是：首先要驳倒对方的观点、主张，然后立起自己的观点主张。驳倒对方用事实，立起自己的观点也往往用事实。事实也就是论据，“事实胜于雄辩”，在说理过程中体现得淋漓尽致。

用事实说话，属于说理的一种方式方法，也是一种技巧和策略。

3.事实选择要慎重

运用事实说话之前，应该注意对自己的论点和主张及对方的论点和主张做全面的、系统的分析。说理的过程中，事实是讲理的依据。在驳斥对方观点时，所选用的事实不要把自己的观点给否定了。要做到这一点，就要对自己所掌握的事实了如指掌，对双方的论点有清晰的认识。

另外，事实选择尽可能是典型的事件，也就是众所周知的，这会让对方很轻易地明白你的理是什么。

★★★小贴士★★★

常言道：摆事实，讲道理。但实际上常常是摆完事实，道理也就不说自明了。用事实说话，是说理的一种技巧和策略，它可以省去大篇幅的论述。

引经据典更具有说服力

经典之所以称之为经典，是因为它经受住了时间长河的洗礼，并被证明是权威的、令人信服的。因此，经典的说服力，几乎是毋庸置疑的。当然，也正是因为经典有着巨大的说服力，才经常被一些人引用作为论据，以增加语言的说服力。这种引用，我们称为引经据典。

现实中有很多通过引经据典而说服别人的例子。

某国外政治家到中国的一所大学演讲。他面对600余名师生代表，阐述了未来两国发展战略合作关系的设想和希望。在演讲中，他不时从中国的传统文化中引经据典，比如，《论语》中的"学而时习之，不亦乐乎"，还有老子的"使我介然有知，行于大道，唯施是畏"，甚至连中国的俗语也引用到自己的演讲中："中国有句话'长江后浪推前浪，世上新人赶旧人'。高等学府培养了一代代学者和思想家，他们肩负着科学、经济、政治、文化领域创造新成就的责任。"

这位政治家引经据典的演讲，赢得了师生们一阵又一阵如雷般的掌声。

在日常交流中，引经据典同样有着不可低估的作用。当然，这就需要我们在引经据典时，要准确把握，错误地引用会适得其反。那么，我们在说话时该如何正确引经据典呢？

1.先弄清原话的出处，不要张冠李戴

同一句名人名言，可能有许多名家都引用过，你在引用的时候一定要追根溯源，应该用最早的那位名人说的话。引经据典，最忌讳的就是张冠李戴。如果某句名言明明是这个人说的，你却把它说成是那个人说的，那就贻笑大方了。

2.要全面领会原文，不要把意思弄反了

同样是说一句话，原著者的意图可能是讽刺，是反意，当然也有可能乍一看上去是反意，但仔细品味却是褒义。如果你在引用的时候没有弄清楚原著者的本意，就随意地拿过来用，很容易歪曲原意，这样还很容易被人驳倒。因此，在引用之前，一定要仔细分析原文的意思，完全理解了之后再加以引用。

3.尽量引用原文，不要以讹传讹

事实上，随着历史的发展，文化的变迁，经过时间的洗礼，有很多经典的话如今已经出现了许多不同版本，这就要求我们在引用时，要尽量引用原文，不要以讹传讹，以免出错。

★★★小贴士★★★

在与人交往的过程中，要想在别人的心中留下一个好的印象，除了外在的形象之外，个人的文化素质也是一个重要因素。而文化素质则需要通过语言来体现，正确地引经据典，则可以让自己的语言充满魅力。

逆耳忠言也要讲方法

交际是一门严肃的科学，是人生的必修课，仅靠古人的几句妙语和社会上人云亦云的箴言是无法提升个人交际能力的。只有以务实的态度对待交际，遇事具体问题具体分析，现实问题现实分析，才会找到问题的真正答案。

很多人在规劝朋友的时候，常认为两个人关系比较好，说话可以直白一点。其实不然，即使关系再好，该委婉的时候也要委婉。否则，把话说得太直白，让规劝成为一种说教，很容易伤及感情。在大多数情况下，顺耳的良言比逆耳的忠言来得更为有效。

白灵是一家文化公司的总经理，近来，她发现女助理在工作中经常出现差错。一天早晨，女助理来向她请示工作，白灵便对她说道："艾嘉，你今天的妆容真精致，整个人变得十分精神，非常符合你的气质。"白灵接着说道："但是你不能骄傲，我相信你的工作能力也能和你的化妆技术一样棒！"从那以后，艾嘉在工作中很少出错了。

平时，我们在规劝朋友的时候，总是相信"良药苦口、忠言逆耳"。殊不知，良药若是苦得让人难以入口，别人又怎么能往下咽？比如，有些人在规劝朋友时，总爱摆出一副“恨铁不成钢”的模样，张口闭口“瞧你这德行”“我都不知道该怎么说你了”“我再也不想理你了”之类的话。经常一开口，就让被批评者心不服、气不顺，产生逆反心理，甚至拒绝倾听。到后来，还有可能使被批评者“奋起反击”，结果双方不欢而散。碰到这种情况，批评者可能会认为对方“狗咬吕洞宾，不识好人心”，被批评者也可能会指责对方“你是哪根葱，凭什么教训我”。这种情况的产生，关键在于批评者下“猛药”、开“苦口”的方法不得当。

唐太宗李世民有次扬言要杀掉敢于触犯龙颜的魏征，长孙皇后听说后十分着急。如果她用逆耳的“忠言”劝说李世民，李世民不仅不容易接受，反而会使事情变得更糟。会说话的长孙皇后取顺耳之言规劝李世民，她说：自古以来主贤臣直，只有君主贤明，当臣子的才敢直抒胸臆、有话就讲，今魏征敢于直言劝谏，全赖圣上贤明。李世民听后打消了杀掉魏征的念头。

既然是忠言，就要起到忠言的作用。顺耳总比逆耳中听一些，也有利于忠言的实现。如果一上来就对别人猛下“虎狼之药”，在规劝时，什么话难听就非跟人家说什么话，又怎能起到规劝的效果呢?

劝说朋友时，人们往往只强调动机的利他性和方案的选优性，忽略了朋友的心理感受以及说服方法，殊不知，方法不恰当，一切工夫白费。试想，如果朋友不接受你的观点，他又怎么能接受你的方案呢?

因此，我们向他人提建议时，要掌握方法使忠言也能顺耳，这样才能婉转地表达意思，也更让听意见的人容易接受，避免不必要的冲突，使大家能融洽相处。

记住：即使是给他人提建议，也要讲求方法，绝不可以用“数落”“教育”的方式来让对方接受你的忠言，要让人心服口服，相较“忠言逆耳”，“忠言顺耳”的效果更好。

★★★小贴士★★★

每个人都希望得到他人的尊重，即使是在犯错误的情况下，也希望保留自己的尊严，我们在规劝他人时不能忘了这一点。良药未必都要苦口，忠言也不一定非得逆耳。把规劝别人的话，讲得动听一些，利己又利人，何乐而不为呢？

让对方变被动接受为主动反思

劝说别人，其实并不是件容易的事，你至情至理地帮他分析，如果他只是表面附和，并没有就你所提出的意见或建议进行深入的剖析，那他只是被动地接受。

相较于对方被动接受，能让对方主动反思，说服的效果会更好。如何做到这一点？下面几点值得借鉴。

1.理在情中

感情是人与人之间联系的纽带，它在人际交往中的作用至关重要。在说服别人时，要“晓之以理，动之以情”。有时，对方并非不接受你的道理，而是与你感情上合不来。所以，讲道理的人要善于联络感情，注意反省自己有无令对方反感的地方，并及时改正。尤其当对方产生抵触心理时，更要以诚相待，在理解、尊重、关心的基础上，再讲道理。

小琳是一位导游。一次，她陪同客人游览时，途中有几位客人走走停停，照起相来没完没了。小琳不好意思硬性规定拍照时间，便说：“朋友们，我国名胜颇多，佳景处处，美丽无比，再好的相机也不会使您满意的。我认为最好的照相机就是您自己那双勤快的眼睛；用不完的内存是自己的头脑。只有它们，才能从这儿带走真正完美的记忆。"

这番话是小琳针对一些客人"让我们多拍几张照片"而谈的。她的暗示入情入理，委婉中听，既巧妙地催促了客人，又易被客人理解、接受。

2.以事喻理

道理可以讲，但不可长篇大论，道理讲的多了就显得空洞。以事实充实大道理，理论联系实际，可以避免说大话、空话，说服力更强。

3.举例反诘

要想说服别人，最好的方法就是举出例证。它远比抽象的论证更有说服力。特别对于那些完全肯定或完全否定的命题，或者类似主观的臆断、论断，只要举出一个有力的反例，这些命题、论题就不攻自破了。

有一次，拿破仑对他的部下说："布里昂，你知道吗，你也将永垂不朽了。"

布里昂不解拿破仑的意思，拿破仑解释说："你不是我的秘书吗？"

布里昂笑了笑说："请问，亚历山大的秘书是谁？"

拿破仑答不上来，他赞扬道："问得好！"

布里昂虽为拿破仑的秘书，但仍不忘对主帅的尊重，他没有直接反驳，而是采用表面请教的方式，表达反诘的内容："请问，亚历山大的秘书是谁？"这是直接反驳论点，证明了大前提的虚假。大前提不真实，那结论就不攻自破了。

4.以小见大

芸芸众生，每个人的思想不尽相同。即使是同一种思想，每个人看问题的角度，认识事物的高度也千差万别。所以在说服别人时，讲道理也应有层次。少了层次，一下子跨越几个台阶，会让人觉得"假大空"，接受不了。我们要善于寓理于事，知道对哪些人该讲小道理，对哪些人该讲大道理。

例如，妻子对衣衫不整的丈夫说："有句话说得很有道理：'一屋不扫，何以扫天下？'你自己连衣服都穿不好，又怎能解决各种事情？你工作忙、时间紧，我也能理解，但出门之前把衣服整理好又花不了你多少时间。而且，你这样出门，别人会认为你生活、工作没有条理。"

5.点到为止

以符合对方的"口味"为出发点，把道理讲得绘声绘色、情趣盎然，会极大提升说服效果。美妙的语言是大道理的华丽外壳，它能吸引听众去深入探究其内涵。

啰唆的话往往令人反感，如怕对方听不懂，翻来覆去讲同一个道理，结果往往适得其反。所以，有些道理不必讲多、讲透，点到为止即可，这样既可防止言多必失，又能增加对方的兴趣，还能给对方留下思考的余地，让对方慢慢去领悟、消化。

6.借助外力

人都好面子，尤其是当面驳人面子是万万不可行的。如给别人提意见或建议时，一定要顾及对方的颜面，有些话不方便当面讲，可以借助第三者转述，这样可以收到较好的劝说效果。

运用这种方法应注意一点，在对他人做出肯定评价的同时，最好提出某种希望。同理，对他人提出批评的同时，也要提一下他的优点，这样才显得客观公正，更容易让人接受。

7.先赞美后"将军"

我国援建某国一大型运动场遇到了停电的困扰，难以按期完工。工程队负责外事的张女士便找到该国电力委员会经理，谁知对方百般推诿。

碰钉子后，张女士决定设宴款待这位经理，宴席期间，张女士夸赞这位经理“颇有才干”，感谢他对中方的支持。正当对方喜不自禁时，她话锋一转，调侃似地说：“经理先生，您是这个项目的总负责人。我们如果不能按期完工，虽然经济上受损失，但是对您的影响会更大。您想，若贵国运动会不能如期召开，这后果可是很严重的。”经理听后，觉得有理，于是便赔笑道：“不会误期的，不会的。”工地上很快就恢复了供电。

张女士之所以能说服对方，正是运用了先赞美后“将军”这一方法，虽然话说得轻松，但是分量很重，故能引起对方的重视。

★★★小贴士★★★

人们常说：“人生，就是从不间断的说服。”说服，不是为了使对方在理论上获得理解而进行的“解说”，也不是迫使对方在无奈之下付诸行动，而是通过认真说理、举出例证，让对方的态度、行为朝特定方向改变的一种影响意图的沟通。

第五章

懂得互动：别让交谈陷入冷场

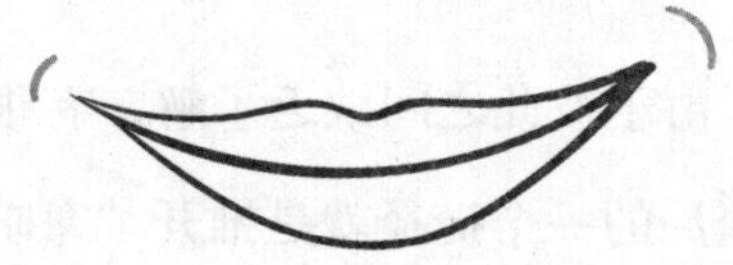

俗话说："酒逢知己千杯少，话不投机半句多。"我们在与他人交流时，最怕的就是冷场，一旦出现这种状况，双方都会变得尴尬。要避免冷场，必须懂一点社交心理学，懂得在说话过程中正确揣摩对方的心思，这样，才能让沟通畅快地保持下去。

利用“寒暄”获取话题

两个初次见面的人，由于彼此之间缺乏了解，有很大的心理距离，交谈很容易陷入僵局，而打破僵局的一个捷径就是推开“寒暄”之门。俗话说“话要开好头，事要收好尾。”一番恰到好处的寒暄不仅展示了我们的礼貌和关心，还能在两个陌生人之间架起一座友谊的桥梁。由此可见，寒暄可以快速消除双方的生疏感，拉近彼此的心理距离。

两个人能否进行愉快的交谈，见面后的寒暄很重要。寒暄可以拉近彼此间的心理距离，可以激起对方的谈话欲望。那么在面对陌生人时，该如何寒暄，快速打开交流之门呢？

1.问候式

根据对象、场合的不同，使用不同的问候语，会产生不同的效果。面对德高望重的长者时，可以问候“您老人家好”，以表示尊敬。面对同龄人时，可以直接称呼其名字，再说“你好”，使亲切感倍增。面对一些有职业身份的人时，可以说“李医生，您好”“王老师，您好”“陈会计，您好”等，也带有尊重的意味。春节时拜访他人要说“新年好”，让人感觉到节日的气氛。早晨见到他人要说“早啊”“早上好”就比“您好”显得更加得体。巧用称呼语打开“寒暄之门”之后，在接下来在交谈中，就能制造出话题，不会让交流陷入僵局。

2.敬慕式

对初次见面者表示敬重、仰慕，是一个人热情礼貌的表现。对他人表示敬重或仰慕时，必须掌握分寸，尤其是敬慕的内容要根据说话对象、时间以及说话地点来定，万万不能乱吹捧。倘若逢人便说“久闻大名，如雷贯耳”一类的话就过头了。

3.攀亲认友式

两个素不相识的人，只要双方都认识一个人，或同一姓氏，或籍贯相同，那他们谈到这层关系后，顿时会拉近不少心理距离，倍感亲切。

“啊？您姓李啊？我也是，我们五百年前可是一家呀！”

“您来自皖南，我出生在皖北，两地相隔咫尺。没想到今天遇到同乡了，真是令人欣喜啊！”

这种初次见面互相攀认式的谈话方式，很容易让双方在短时间内产生一见如故的感觉，所以交流之门很容易打开，话题也会源源不断。

4.扬长避短式

几乎每个人都希望别人能够注意到并欣赏、赞美自己的长处。所以，初次与人见面时，可以直接或间接地指出对方的优点，并适时赞美一番，从而让对方对你产生好感，激发他谈话的积极性。反之，如果总是有意无意地触及对方的短处，不但会破坏谈话氛围，也容易伤害对方的自尊心。

被誉为“销售权威”的霍依拉先生有自己独特的交际诀窍：与人初次交谈，推开寒暄之门的方法，就是一定要扬人之长、避人之短。

一次，为了争取广告商的赞助，他前去拜访梅伊百货公司总经理。打过招呼之后，霍依拉突然开口问道："您是在哪儿学会开飞机的？总经理居然能开飞机，可真不简单啊！"总经理听后，显得很兴奋，开始和他攀谈起来。之后，霍依拉还被总经理热情地邀请去乘坐他的自备飞机。

俗话说："酒逢知己千杯少，话不投机半句多。"有的人相处了一辈子却形同陌路，而有的人却一见如故。会说话的人，总是能巧妙地推开"寒暄之门"，不断地制造话题，做到言之有"续"。他们不论走到哪里，都会给人一种一见如故的感觉，所以，他们处处和人谈得来，处处都有好人缘儿。

★★★小贴士★★★

每个人都希望自己能引起他人的注意，得到他人的重视。为了表示你对别人的重视与好感，得体的寒暄必不可少。寒暄得好，寒暄得妙，可以让接下来的交流氛围变得更融洽。毕竟，人与人之间的交流，实际上就是心的交流、感情的交流。

好话题胜过好方法

好的开始是成功的一半。凡是懂一点交际心理学的人都知道，与人交谈，一个好话题要胜过各种谈话技巧。不少人有这样的体会：和一个与自己产生不了半点共鸣的人谈话，是一件很劳神的事情。

为什么产生不了共鸣？就是因为没有共同语言。

和别人交流，找到一个双方都感兴趣的话题非常重要，这直接关系着交流的氛围以及交流的广度与深度。

刘杰和章斌认识很久了，两人住在同一个小区有一年多时间，平时碰面也只是点点头，很少交流。但是，后来的一次“偶遇”，让他们的关系变得非同一般。

有一天，刘杰到一家渔具店购买钓鱼竿，当他正和店主讲价时，章斌也来到店里。看到双方因价格问题僵持不下时，他做了回中间人，最终鱼竿以刘杰的心理价位成交。原来，章斌也喜欢钓鱼，和渔具店老板也认识。从店里出来，两人边走边聊，从“渔具”说到“渔趣”，你一言我一语，谈得十分投机，俨然一对故友重逢。从此之后，两人就经常结伴去钓鱼，成了无话不谈的好朋友。

你看，一对平时无话可谈的老邻居，却因为找到了“钓鱼”这个双方都感兴趣的话题，让相互间产生了吸引力，消除了隔阂。

事实上，话题选择是否得当，有一个重要的参考标准——对方是否感兴趣。谈论对方感兴趣的话题，不仅会增加对方的谈话兴趣，也会增加他对你的兴趣。可见，一个让人感兴趣的话题有多么重要。

一次，销售员小美到客户办公室推销产品。当她看到墙上挂有“制怒”二字，心想，一定是客户爱发脾气，为了克服这个缺点，才以此勉励自己。所以，她问客户：“您平时很爱发脾气么？”

客户说：“我的确易冲动，可明知自己有这个毛病，还是控制不了，为了提醒自己，就把‘制怒’这两个字挂到墙上。”小美就从这个话题谈起，先表示了理解之情，继而谈了自己的看法，对方接过话题，讲起来没完没了。不知不觉，聊了两个多小时，还是有说不完的话。由于双方聊得很投缘，客户建议“今天时间有限，下次我请你吃饭，咱们再好好聊聊这个话题”。并且不等小美开口，就买了她两套产品。

可以说，做销售员如果不善于“卖”话题，那他的产品也很难卖出去。

如果在交谈中，只顾自己的喜好，讲自己遇到的奇闻轶事以及自己认为有趣的事，即便你说得口干舌燥，也很难激发别人的兴趣。

晓健是一个活泼外向的人，很喜欢与人聊天，但是，许多人与他聊过一两次，第三次就不想和他聊了。为什么？因为他说话太啰嗦，而且句句不离一个“我”字。不管遇到谁，他总是大谈特谈自己的悲喜人生，且很少给别人说话的机会，一旦发现对方将话题岔开，就满脸不高兴。

他的话题别人不感兴趣，而且他说话时喜欢以我为主，自然，了解他的人会感到此人很无趣，而不想与他交流。

与人交往，话题的选择决定了双方沟通、交流的效果。话题选择得恰当，能让人产生一见如故、相见恨晚之感；话题选择不当，会导致四目相对、局促无言的尴尬局面。

记住，好话题的标准是：至少有一方（这个一方，最好是对方）熟悉、能谈；大家感兴趣、爱谈；有展开探讨的余地、好谈。那么，我们该怎么找到一个好话题，与对方进行互动呢？

1.进行言语试探，寻找话题

两个年轻人坐在杭州某车站的一条长椅上。

“你好，请问你在什么地方下车？”其中一人问对方。

“到终点站，你呢？”

“我也是，你到浙江干什么？”

“我到杭州上学，你就是本地人吧？”

“不是，我是来找女朋友的。”

双方经过简短的言语试探，便知对方对浙江也很熟悉，又都是外来者，这样他们的共同点就彼此清晰了。找到了双方的共同点，接下来的交流自然也就变得更轻松了。

言语试探其实并不难，可以从天气、籍贯和衣着等方面着手。因为这些问题不会涉及对方的隐私，而且对方回答起来也不难。

2.借助媒介，引入对方感兴趣的话题

即以一定的物和事为媒介，作为引发交谈的“因子”。比如，你想结识坐在你身边看报纸的这位先生，那你可以以报纸为媒介，对他说：“先生，对不起，打扰一下。请问今天的报纸上有什么重要新闻吗？”不管他回答“有”，还是“没有”，双方都能就此开启一个话题。

3.善于观察，找出对方在意的事物

比如，对方一直把玩相机，这就表明他对摄影感兴趣。如果你对摄影略知一二，可以此为切入点，谈谈摄影的取景、各类相机的优劣等。如果你对摄影不太了解，可以多听听他的讲解，一来开开眼界，二来大家有的可聊。

★★★小贴士★★★

有些话题即使双方都感兴趣，也未必是个好话题，该回避的一定要回避。像特别容易引起争端或争议的话题，涉及他人隐私或缺点的话题等。

合对方的拍子，交流就不会出现尴尬

心理学家理查德·班得勒曾说过：“当你对一个人说话时，你不是想给他传达信息，就是想改变他。”没错，的确是这样。但是不是说，当我们把意思表达清楚了，沟通就达成了？

当然不是！

真正意义上的沟通是双方之间的交流，不论你说了什么，表达的是否清楚，如果对方不理解、不接受，那也是无效的。

所以，沟通一定要与对方合拍，一定要注重效果。那如何沟通才能与对方合拍，让对方做出积极的反应呢？

1.话题要合拍

我们说话就像是发出电波，而对方就像是一个接收器接收电波。只有我们的频率契合对方的频率，我们发出的“电波”才会被对方接收，双方才能产生共鸣。因此，所谓“话题要合拍”，就是要多谈对方感兴趣的话题，让对方愿意谈，有的谈，这样交流才能顺利进行。如果我们一味高谈阔论，即使对方嘴里面“嗯”“啊”回应，心里也会犯嘀咕“不关我事”。

2.语调要合拍

假如交谈的双方：一个气定神闲，一个抓耳挠腮；一个慢条斯理，一个火急火燎；一个像诗朗诵，一个像说唱，结果会是怎样呢？不是着急的那位被急死，就是悠闲的那位被烦死。话不合拍、投机的结果只有一个：就是不欢而散。真正聊得投机的人，双方必定语气相称，声调相合，语速同步，声音大小相宜。

3.体态语要合拍

伸手不打笑脸人，甜美的微笑是沟通的“润滑剂”。沟通的双方，假如一方一脸阴沉，满腹的悲情、沮丧，另一方会一直笑容可掬吗？且不说情绪会传染，不注意自己的体态，本身就是一种不友好的行为。所以，说话时一定要注意对方的体态，调整自己的表情和神色，不要形成巨大的反差，免得别人悲伤的时候你却欢天喜地，给人造成你“幸灾乐祸”的误解。

4.思想观念要合拍

每个人都有自己的思想观念，在和对方沟通过程中，要充分尊重对方的思想观念，不轻易去挑战它，也不要将自己的思想观念强加于人。否则，只会招来对方的反感和抵触。

比如，当与对方产生分歧时，绝对不能张口就来“你错了”或者“你怎么会这么想呢”。你要做的是在思想观念上与对方合拍，而不是奏出格格不入杂乱无章的音符。怎么办呢？我们可以这样说：“原来还可以从这个角度看问题，很有意思。”或者说：“你是这样想的吗？我没有想到这些。”这样既表示了对对方的尊重，又展示了自己作为一个沟通高手应有的礼貌和风度。

5.风格要合拍

写文章有风格，说话也要讲风格。因此，在沟通时，我们在词语的句式选择等方面也要与对方合拍。

如果对方说话有条有理、逻辑性强，那么，他很可能是一个逻辑思维型的人，这种人的特点就是思维缜密，对事物的见解独到而深刻，和这种人沟通时，最好全神贯注，千万不要毛躁，流于肤浅。

如果对方说话爱发感慨，爱用形容词，喜欢抒发自己的感受，并且把事情描述得生动形象，那么，他很可能是一个形象思维型的人。和这种人沟通，我们不妨也多用一些形象生动的语言或直抒胸臆的语句，千万不要干巴巴地讲道理。

★★★小贴士★★★

在沟通过程中，要想让双方感到舒适，氛围变得友好，双方的谈话一定要合拍。只有我们的话语和对方合拍，才能奏出和谐美妙的音符；如果不合拍，蹦出的一定是刺耳的杂音、噪音，大家都不喜欢听。

找到共同点，突破交谈的“瓶颈”

孔子说：“道不同，不相为谋。”只有志同道合，才能谈得拢，有共鸣才能使谈话融洽自如。

人与人之间，一定有许多相同的地方。或者有共同的兴趣爱好，或者在经历方面相似，这都是产生共鸣的来源。只要你多花些心思，多一些观察，肯定能与他人找到许多共同之处。

某相声演员到一地演出，众多新闻媒体记者纷纷前来采访，不料被他一一婉言谢绝。这时，有一个爱好相声的记者再次叩响了他的房门，说：“您好，我是一个相声迷，我对您的演出有些意见……”相声演员一听是来为自己的节目提意见的，便十分热情地打开了房门，接待了他。

这位记者正是用双方都喜欢相声这一共同爱好，以提意见为切入点，巧妙地打开了对方的“话匣子”，顺利完成了采访任务。

除了共同的爱好，一个善于沟通的人还会根据相近的地域、相似的职业、相仿的年龄、雷同的处境等直接相似因素以及对方与自己的亲戚、朋友、同学、邻居等认识或有交情这一层间接关系来沟通情感，寻找共同的话题。

一位记者曾讲述过自己采访的一段经历：

他去某地农村采访，住在一个老大娘家，进门打过招呼，便说："听口音大娘是山东人，好像是鲁中南的吧。"大娘说："是呀，老家是山东阳谷的。"他接着说："我听说父亲在当兵时，他们连队山东人可多啦，连长、排长、班长都是山东人，他对我说山东老乡特别能吃苦。"这番话引起了老大娘交谈的兴趣，也勾起了她对往事的回忆。于是，她讲了很多往事。这个记者因此获得了不少一手材料。

这位记者就是因为和山东的大娘找到了共同感兴趣的话题，才取得了采访的好成绩。那么，在平时与人交往时，该如何在短时间内能找到共鸣的话题呢？

1.留心观察找到共鸣

要想了解一个人，找到他与自己的共同点，就要善于发现，仔细观察，因为一个人的生活习惯、兴趣爱好以及自身的一些基本状况，在他的一举一动、一言一行当中，会或多或少地表现出来。

比如，眼神、表情可以让我们洞悉一个人的内心：一个经历沧桑的人的眼神可能会有些深邃，而单纯的人的眼神是清澈的；一个懦弱的人不可能拥有坚定的眼神；而一个正直的人，他的眼神里也充满了正气……读懂眼神的"语言"，找到与双方的共同点，进而达到共鸣的效果。

留心观察对方的口音、言辞，从而侧面推断对方的籍贯、身份等信息，并以此信息围绕对方的生长环境、兴趣爱好等信息展开话题，很快就会发现你与对方的共同点。

2.从对方谈话中找到有共鸣的话题

为了发现陌生人同自己有共鸣的地方，可以在对方与别人谈话时用心观察、分析，也可以在对方和自己交谈时揣摩对方的话语，从中发现双方之间的共鸣。

在广州的一家商场内，一位顾客正在向售货员咨询：“请你把那个东西拿给我看看。”他把“我”字用苏北话说了出来。正好，他旁边也有一个苏北人，于是，那个人也用苏北话向售货员咨询。两个人马上心有灵犀地对视了一眼，跟着结了账，一起走出了商场，用苏北话热烈地交流起来。两个人从家乡聊到广州，从眼下说到将来，越谈越近乎，俨然一对好久不见的老朋友。分手时，他们互相留了联系方式，最后还成为好朋友。

一句家乡话，让双方找到了共鸣，由此展开话题，最终成了好朋友。这得益于双方都善于关注对方的谈话，善于从对方的谈话中寻找话题。

3.步步深入找到共鸣

心理学研究表明：在人与人交往的过程中，最近的印象比最初的印象更占优势。这就要求我们在与陌生人的交流过程中，要不断调整自己的说话角度，不断挖掘新的共同点，找到共鸣的话题。

第一印象得之于较短时间的接触，一般来说比较直观，但是，有时候直觉会给人造成错觉。随着交流的深入，可能你会发现对方看起来文静，实际上却很开朗，或者发现你们在某一方面有共同的爱好。这时候，对方也会调整角度，重新审视你。或许两个人在性情、兴趣、思想等方面发生碰撞后，就会引起双方的共鸣，就会产生“这个人可以交朋友”的念头。

★★★小贴士★★★

一个懂得沟通技巧的人，同时也是一个心理分析师，他善于运用心理策略，能从不同的人中间找一些共同话题，哪怕是刚见面的人，也能一见如故，顺利地进行沟通，这就是人们常说的“自来熟”。

照顾对方的感受是互动的前提

有这样一句话："得意人前勿谈失意事，免得毫无反应；失意人前勿谈得意事，免得予人伤害。"写得很贴切，就是说与人交谈要照顾对方的感受，不能自说自话。否则，不仅达不到说话的目的，反而会激起对方的反感。

有一个人请客，但过了约定时间很久，还有多半客人没来，主人心里很着急，便说："为什么该来的客人还不来，真是的！"一些客人听到了，心想：该来的客人没来，那我就是不该来的喽？于是悄悄地走了。主人看到又走了好几个客人，越来越着急，连说："怎么这些不该走的又走了呢？"剩下的客人一听，又想：如果走了的是不该走的，那我就是该走的喽？于是又走了几个。最后剩下了一个客人。主人的妻子说："你说话前应该先考虑一下，否则说错了，就不容易收回来了。"主人说："不是呀，我并没有叫他们走啊？"最后一个客人听了，便想：既然没有叫他们走，那就是我该走了，于是头也不回地离开了。

这个故事告诉我们，说话要照顾对方的感受，即使是亲密无间的朋友，说话也不能口无遮拦。有些人之所以说话惹人烦，就是因为说话不顾及对方的感受，想说什么说什么。

例如，对一位身材臃肿的女同事，最好不要说："哟，你又长胖啦？你老公都弄什么给你吃，把你喂得这么肥啊？"也许你觉得这只是个玩笑，对方心里却很不爽，说不定还准备和你翻脸呢。

一位刚刚失去亲人的朋友正处于悲痛之中，如果你冒昧地说："最近过得如何，开心吗？听说电影院上映了一部喜剧大片，要不要哪天一起去看看？"如此说话，怎么能让对方有一个好心情呢？

新娘子在婚礼上穿了一件不太合适的衣服，识趣的人往往不会对此品头论足。如果你不识趣，非要和周围的人说："哎呀，这身礼服剪裁真不错，可就是颜色嘛，看着很不合适……"这些话不但会令当事人不高兴，也会让其他人觉得你无礼。

在与人沟通时，一定要善用同理心，会照顾对方的感受，知道哪些话该说，哪些话不该说。在具体沟通中，该如何做到这一点呢？

1.说话要看时间

许多情况下，即使自己的嘴巴有表达的冲动，也要看对方的耳朵有没有倾听的冲动。与人交谈，除了要照顾对方的感受，还要照顾对方的时间，看对方是闲暇还是忙碌。如果对方比较忙碌，时间很紧张，那么，你就闲话少说，直奔主题。

话又说回来，如果需要你发表看法和见解，你却惜字如金，半天说不出一句话，或者草草讲几句敷衍了事，也会让人觉得索然无趣。总之，是长话短话，言简意赅，还是说把话题展开了说，要取决于对方的时间。

2.说话要看时机

一位老板正在和客户谈一笔重要的生意。就在双方谈得差不多的时候，老板的一位朋友找上门来。一见面，便和老板闲聊起来，丝毫不理会地场的客人。老板不住地看手表，暗示他自己有重要的事情和客人要谈，但他不识趣，依然滔滔不绝。客人见状，只好起身告辞："你们先聊，合同的事咱们改天再谈。"

像这位朋友说话就不看场合与时机，只顾自己聊得痛快，结果耽误了朋友谈生意。喜欢表达不是什么坏事，但该表达的时候也要看时机，时机不对就少说或不说。

3.即使是正确的话，也不要过度重复

如果同样一件事情，同样一句话，你每天对人重复无数遍，那就是啰唆；如果你每天都是喋喋不休，不厌其烦地向身边人讲你的烦恼、痛楚；如果你向别人交代事情时，总是千叮咛万嘱咐……不管是什么人，每天翻来覆去讲同样的话，念叨同样的事情，即使他再在理，再正确，也很难让人接受。尤其老讲一些负面的东西，更容易激起人的反感。

4.弦外之音更能让人接受

一天，小王下班后到朋友家拜访，请求朋友帮他办点事。朋友非常热情，寒暄过后，朋友与他攀谈起来，两个人聊了两个多小时，这时忙了一天的朋友已面带几丝倦意。

朋友的太太见小王没有要走的意思，又不方便下逐客令，为了照顾对方的面子，于是到厨房收拾了一下果盘餐具，然后回到客厅对先生说："人家这么晚来找你办事，你赶快给人家想出解决的办法，别让人家一直等着，这天都不早了。"然后，她对小王说："要不你再喝一杯茶吧，别着急啊。"小王听出了她的话外之音，知道话里有话，连忙起身告辞。

读懂别人的弦外之音，首先要把自己带到对方当时的处境里，这样，你才能明白，对方为什么会这么说，这么说有什么道理。如此，在对方没开口之前，就能猜出七八分了，这样对方不论说什么，你心里早已料到，就会有所准备。

5.把“但是”变成“而且”

有的人认为，批评或指责别人的时候，最好先赞美对方一番，接着来一个“但是”，再开始批评指责，这样，别人会比较容易接受。比如，很多家长都喜欢这样批评孩子：“孩子，你最近的学习成绩进步了不少，我们都为你感到高兴。但是，如果你在英语方面能够再努力一些的话，就更好了。”

其实，这种批评还是没有完全照顾孩子的感受，所以孩子未必会接受。如果把“但是”改为“而且”，效果就大不一样了。如“孩子，你最近的学习成绩进步了不少，我们都为你感到高兴。而且，只要你在英语方面再努力一点的话，你的总成绩一定会更好的。”这样说，孩子就会满心欢喜地接受“表扬”了，因为后面没有批评等着自己。

★★★小贴士★★★

说话，拆开看，是两个言，一个兑，一个舌，意思是说话不仅是用舌头发出言语，还要使得听者感到愉悦。要使说出的话中听，让别人愿意听，说话时一定要照顾别人的感受，别让人觉得“没法儿跟你聊”。

一旦出现冷场，巧妙引出新话题

很多人在和陌生人交流的时候，因为相互不太了解，所以经常会出现冷场，让局面变得尴尬。

这个时候，化解尴尬最有效的方法就是赶紧找出新话题。怎么找？没话找话！这就考验一个人的观察能力与应变能力了。

茉莉和艾伦是同事，茉莉刚到公司，两人还不太熟悉。一天早晨，两个人碰面后闲聊起来。

茉莉说："上个周末我家可热闹了。我的父母还有姐姐一家三口，在我家玩了一整天，我又是做饭，又是陪他们玩，他们走后，我又把房间收拾了一遍，可把我累惨了！真想好好休息一下。"

艾伦说："真是够累的！但是上个周末，我生病了，所以我什么也没做，就躺在沙发上看电视了，昨晚我看了一场台球比赛，奥沙利文的斯诺克，打得太棒了！真是大饱眼福……"

茉莉说："真的吗？……可惜我错过了……我其实更喜欢音乐，尤其是爵士乐。"

接下来两个人就没得聊了，谈话就此结束。

相信，这两个人都很郁闷，茱莉对台球知之甚少，当艾伦谈到台球比赛时，她觉得自己很无知，如果继续这个话题，她只能做一个不感兴趣的听众。所以，她改变了话题，结果造成了冷场。

如果能巧妙地接答对方的话茬，可以把原来的话题引向另一个话题，让双方都有的聊，那么场面就会变得不一样。

娜娜是公司负责某一地区的业务经理，公司为了加强和客户之间的联系，特地举办了一年一度的“工商联谊会”。公司安排娜娜在会议期间陪同她的客户顾某。

一次，她与客户路过一家商场，顺便谈起了商场销售情况。顾某深有感触地说：“现在，市场竞争够激烈的。”娜娜顺着他的话说：“就是，你们公司的业务员也不少吧？”

虽然她与客户并不是很熟，却能把话题不断延伸下去，还聊得特别愉快。

孔子说：“道不同，不相为谋。”只有志同道合，才能谈得拢。所以，想谈得来，谈得欢，可以多在“道”字上做文章。

那如何让双方看起来“道同”呢？在了解对方的同时，也尽可能让对方了解自己，以从中找到共同点，进而让双方能产生共同话题。

许女士到医院里就诊，坐在候诊大厅里，邻座坐着的一位大姐很健谈，她刚坐下来，就主动问她：“你是来看什么病的？听口音不像本地人，你老家是哪里呀？”当她得知许女士是山东青岛人时，很高兴地说：“青岛非常美，我以前多次出差去过……”许女士便问：“那您在什么单位工作呀？”于是她们亲切地交谈起来。

熟悉的事物总能唤起人们心中的温馨感和怀旧情绪。当我们与陌生人交谈时，如果只聊一些对方不了解或不感兴趣的话题，很难消除双方的陌生感。如果能根据对方的工作、身份、兴趣、爱好等，有选择性地谈一些对方或是双方都熟悉的事物，会短时间内拉近双方的心理距离，让彼此产生亲切感。

★★★小贴士★★★

陌生人间要想谈得投机，必须多在“故”字上做文章，要善变“生”为“故”。做到变“生”为“故”，需要在擦亮眼睛观察对方的同时，还要适时地“自我表现”，让对方充分了解自己。

第六章

拿捏分寸：让自己在交谈中进退自如

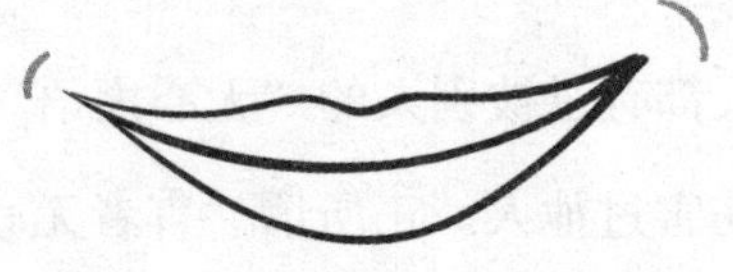

说话是一门艺术。世事难料，任何时候，都不能把话说死，或说得太满，一定要给自己留下回旋的余地，留点容纳“意外”的空间。否则，说话不留余地等于不留后路，将自己逼入死胡同。

说话有分寸，一定要把握好“度”

现实生活中，很多人都有过被别人的“无心之语”刺伤的经历。同样，每个人也曾用同样的方式伤害过他人。正所谓“言者无心，听者有意”。有些话在说出口之前，即使没有恶意，甚至是善意的，也要考虑对方当时的心理，以避免“祸从口出”。

小爽是个性格直爽的女孩儿，也非常幽默。平时，她不管碰到谁，都喜欢开几句玩笑，是个十足的“乐天派”。朋友、同事都非常愿意与她相处。

一次，她因为开同事的玩笑，而无形中伤害了对方。某天在办公室里，一帮女同事正在讨论调教老公的心得，你一言，我一语，好不热闹。这时，平时的开心果小丽却坐在那里玩手机，一言不发。小爽知道她嫁了一个金龟婿，便一把她拉过来，让她给大讲讲如何找一个有钱老公。小丽说：“你们先聊，我还有事。”小爽便开玩笑说：“找个有钱老公就是不一样。”不料，此话一出，大家却出奇的安静，小爽也很尴尬，但她又觉得自己没有说错话。这时，旁边的一位同事拉了拉她的衣襟，低声说：“人家早就离了。”

在人际交往中，如果想成为一个受欢迎的人，必须先管好自己的嘴，避免无意间说话伤人。

上面的故事告诉我们一个简单道理：人际交往中，话少不行，会让人觉得不合群，易被孤立；话多也不行，易被人误解，甚至会伤害他人，故遭人反感。所以，掌握说话的分寸很重要。

在实际交往中，该如何把握说话的分寸呢？

1.随时关注对方的反应

与人交谈时，一定要时刻关注对方的反应。如果对方没什么表情 ，很明显，对你的谈话不感兴趣；如果一边听，一点微微点头，意思很明确“我在听，你继续”；如果皱着眉头听，伴有疑惑的眼神，那就是在告诉你“我对此表示怀疑”；如果对方不时打断你，时不时插一句，表示他部分赞同，或是部分反对你的观点，并愿意就此与你探讨。

根据对方做出的不同反应，说话的时候要随机应变：对方怀有疑问的时候，要适时给出你的解释；对方想表达观点的时候，就停下来听他多讲一些；对方不耐烦的时候，就尝试换个话题……

2.表态时要注意分寸

在与人交谈的过程中，双方免不了就彼此的观点、要求等进行表态——或是赞同，或是反对，或是存有疑问。这个时候，一定要拿捏好分寸，知道如何有分寸地表态。比如，朋友让你为他办一件事情，你能办到，但是成本太高，那你要不要为了面子，一口答应下来？

这就涉及谈话技巧问题了。你不想帮他办，如何既能拒绝他，又能让他理解你的难处；你想帮他办，要考虑自身的能力与成本。如果这些都没有考虑清楚，最恰当的表态就是“再考虑考虑”，或者“我可以帮你试试，但不敢保证能成功”。如此，话没有说死，为自己留有余地，同时也照顾到了对方的面子。否则，拍着胸脯说“包在我身上了，没问题”，事办成还好说，办不成，那岂不是言而无信，打自己耳光？

3.说话方式要因人而异

由于每个人的个性、身份、职业等不同，其看问题的角度与做事的方法也不尽相同，所以，与不同的人说话、打交道，方法各异。同样的话，你对这个人说没问题，对那个人说，恐怕对方接受起来就有难度。如果对方是个教授，喜欢研究学问，那你说话就要讲点水平，有点深度；如果对方没多少文化，那说话最好通俗易懂一点，不要文绉绉……

4.说话也要考虑交情

与他人交流时，选用什么样的交流方式，除了考虑对方的个性、职业、身份等，还要掂量双方的交情。如果只是一面之交，那涉及的话题就不宜太深入，避免“交浅言深”。如果双方有一定的交情，谈话就可以随便一点。

在工作中，往往交情归交情，工作归工作，如果混为一谈，就不要想领导太近人情。所以，谈交情也要看场合与对方身份。不能因为有交情，可以无话不说，否则，容易给别人带来尴尬，也会把自己弄得不自在。

★★★小贴士★★★

生活中，精辟的见解往往受人欢迎，泛泛空谈则容易招人生厌。事实也证明，能说话不等于会说话，会说话不等于说到位，只有将话说到位了，才能起到应有的作用。

模糊一点乃聪明之举

在现实生活中，许多时候，我们都不方便直接亮明观点、立场。因为你说“是”或“不是”，“行”或“不行”时，都不合适。这时，最聪明的做法就是使用模糊语言。

有一艘豪华客轮在即将到达旅游停靠点时突然停了下来，原来是客轮的驾驶室里出现了一些问题。游客们在经过几十分钟的等待之后，显得更加焦躁和不安，于是纷纷把矛头指向了导游，质问事先为什么没有做油轮的检查，追问客轮什么时候才能重新起航。

面对情绪激动的游客，导游脸上一直带着微笑，心平气和地向大家解释：“请大家不要着急，客轮并没有什么大问题，只是出现了一点小毛病而已。技术人员正在做检查，一会儿就修好了。为了大家的安全，请大家耐心地等一会儿，不要走远，更不要站在危险的地方，客轮马上就要起航了。”导游不断地重复着这些话，游客们的心情也慢慢平静了下来。

导游在回答旅客的质问时，用了一连串的“一会儿”“马上”等模糊的词语，既避免了游客的情绪再度波动，又因为没有给出确切的答案而给自己留下了余地。我们不妨试想一下，如果导游为了安抚游客，盲目地讲“15分钟之后就可以起航了”，而15分钟之后客轮依然停留在原地，那么很可能会激起游客的怒火。平时的社交中，在什么样的情况下应该使用模糊语言呢？

1.巧用模糊语言应对请求

在社交中，运用模糊语言应对请求是一种常用的方法。它可以令你巧妙地对对方的请求做出含蓄、灵活的表态，因为不直截了当地表明态度，就避免了与对方的正面交锋。

当别人请求你办事时，他一定对你满怀期待。如果你满口答应，最后因为意外而没有帮对方办成，不管你再怎么解释，终还是失信于人，威信与声誉难免会受到影响。

这时，最有智慧的做法就是“模糊应对”，不把话说死。这样你才能进退自如，不至于陷入被动的境地，也不会影响双方的关系。即使最后真的没有办成事，对方也不至于耿耿于怀。

2.巧用模糊语言化解尴尬

在社交中，模糊语言不仅能够巧妙地应对别人的请求，还能够巧妙地化解尴尬。

女人最讳莫如深的就是自己的年龄，一般情况下，人们不会主动询问女人的年龄，也不会将女人的年龄当作话题来讨论。假如女人主动谈论年龄话题，我们该怎么说呢？

30岁左右的女人精心打扮后去参加朋友的生日派对。

一个陌生的男子主动邀请她跳舞，她既没有起身跳舞的意思，也没有拒绝这个男子，而是让男子猜她的年龄。

男子感到十分为难，年龄说得太大，她一定会不高兴；说得太小，她一定会觉得自己在说假话，比较虚伪。

怎么办呢？当然是用模糊语言了！

他说："你这么年轻美貌，应该减去10岁；但你又这么充满智慧，又应该加上10岁。"

这样的回答，并没有确切地说出女人的年龄，却收到了绝佳的效果。

★★★小贴士★★★

模糊的语言是一种重要的交际语言，它体现了一个人随机应变的能力。在一些不必要或者不可能把话讲得过于清楚的情况下，运用模糊表达既可以委婉表明自己的态度，又可以化解突如其来的尴尬，让场面显得好看。

若想达到双赢，请放下争论

在日常工作生活中，交谈的双方难免会就某个观点进行争论。事实证明，争论不但无助于解决问题，还会让简单的问题变得更复杂，所以，我们在与人交谈时要尽量避免争论，必要的时候要学会退一步，别只想着和人争高下。

迈克是一位汽车推销员，对各种汽车的性能和特点都了如指掌，是一位真正的内行。按理说，这些本领对一个推销员来说是非常有利的。可是他有一个不好的习惯——喜欢争辩，每当客户过于挑剔时，他总要与顾客打“口水战”，直至把顾客驳得哑口无言。他虽然在口头上占了上风，却很少因此赢得订单。

每当有顾客被他驳斥得无话可说时，迈克都非常得意：“这些家伙都被我驳得哑口无言，大败而归。”

一次，经理批评他说：“在推销中，你越是把顾客驳得哑口无言，你就越失职。你这样做既影响你的业绩，还会影响公司的形象，你知道吗？”

迈克意识到了问题所在，在之后的工作中再也不逞一时口舌之快了，业绩开始大增。

为什么迈克争强好胜，业绩一路下滑，而“痛改前非”后又可以成为著名推销员？这是因为他真正领悟了“放下争论”的奥妙。可见，不与人争论既是一种交流技巧，也是一种销售技巧。所以，当我们想在口头上逞强的时候，心中一定要默念“不宜争论”。

有生活中，该如何避免一些不必要的争论呢？

1.建立高水准的自尊

在现实生活中，往往是越有身份地位的人越好相处，越少和人发生争论，这与他们的身份、学识、经历有关。相反，现实中那些喜欢吹牛、炫耀的人，或者是异常傲慢的人，在与他人交往时，他们总是喜欢站在高处，喜欢唯我独尊。他们在语言上有一个共同的特点，就是喜欢争论。

正是这些人好做无谓的争论，表现出思想上的琐碎和行动上的无能。要想避免争论，我们就要建立高水准的自尊，使人生的位置定在高格调上。这样我们才不会与他人斤斤计较，才能胸怀宽广，谦让待人，不容易与人发生无谓的争论。

2.采用平静陈述法

想要别人接受自己的意见，同时又要避免争论，就要采用平静陈述的方法，让对方觉得我们并不是在逼迫他们。相反，借着自己的地位与身份，使用威吓和逼迫的方法并不能让对方心服口服，只会激起其更强的“逆反心理”。试想，当你被人逼着去承认一个观点，你屈服的往往是他的强势，而不是观点本身。所以，在人际交往过程中，千万不要太过强势。

3.适当夸奖，欲擒故纵

只要我们注意观察，就会发现：当别人当面指出他身上的错误和不足时，他总是不愿意接受；但当别人夸奖他时，他反而能认识到自己的缺点，会主动承认。因此，为了避免无谓的争论，我们在指出别人的错误时，不要太直白，更不要全盘否定，而要多发现其身上的闪光点，并适时夸奖。这样，对方更愿意接受我们的观点，正视自己的错误。

4.主动坦率地自我批评

指出别人的错误时，要间接、婉转，当我们发现自己有错误时，该怎么办呢？那就坦率承认，不要狡辩，这是避免争论的最有效方法。试想一下，当我们犯了错，在别人批评我们之前，自己抢先把对方要批评我们的话说出来，对方十有八九会以宽容的态度对待我们的错误。这样，双方就没有争论的必要，何乐而不为？

5.要尽量保持语调温和

在人际交往中，保持语调温和也是避免争论的最有效的方法之一。在双方交谈中，答话者的语调往往会随着问话者声音的高低而起伏，当轻声提问时，得到的是轻声回答；当高声提问时，回答也一样高声。同理，当你以温和的语气提问时，对方定不会凶巴巴地回答你。可见，在交流过程中，情绪是可以传染的。所以，为了营造良好的沟通氛围，语调要尽可能温和一些，少掺杂一些负面情绪进去。

★★★小贴士★★★

很多情况下，当人们在某个问题上争论不休、僵持不下时，问题的症结往往不在双方观点、看法本身，而在彼此的好胜心。所以，要避免争论，就别把“输赢”看得太重，把姿态放得低一点，为对方找台阶也是为自己找台阶。

点到为止刚刚好

我们经常会遇见这样的人，他们总是说“一定可以的”“绝对没问题”……虽然这不失为一种自信，但是谁又能保证不出一点差错呢？俗话说：天有不测风云，人有旦夕祸福。

所以，人前讲话不可以太绝对。像上面的话，不妨换一种说法，例如，“我尽力而为”“全力以赴”。最后，即使事情没有办成，别人也不会说什么，因为谁都不能否定你已经尽力了。反之，说话太绝对，最后没有完成，会让自己陷入被动。

有位女孩在一家高级珠宝店找到了一份销售工作。

一天，珠宝店里来了一位衣衫褴褛的青年人。此人满脸悲愁，双眼紧盯着柜台里的宝石。这时，电话铃响了，女孩去接电话时不小心碰翻了一个碟子，六枚宝石戒指掉在地上。她慌忙拾起其中的五枚，却怎么也找不到第六枚。此时，她看到那位青年正惶恐地向门口走去。

青年刚要跨出店门时，女孩叫住他：“对不起，先生！”

青年转过身来，问她有什么事。女孩看着他微红的脸，一声不吭。青年又补问了一句："什么事？"

女孩说："先生，这是我的第一份工作。现在找工作很难，是不是？"

青年很紧张地看了女孩一眼，脸上浮出一丝笑意，回答说："是的，的确如此。"

女孩说："如果把我换成你，你在这里会干得不错。"

青年退了回来，把手伸给她："我可以祝福你吗？"

女孩立即伸出手来迎接他的"祝福"，然后以十分柔和的声音说："也祝你好运！"宝石戒指就在青年人的手掌上。

试想，如果女孩肯定地说："把你拿的宝石交出来吧。"会是什么样一种情形？相信，她会严重挫伤对方的自尊，对方为了面子，不会轻易承认是自己拿了宝石。别把话说得太绝对，妙用就在这里。

形象地说，说话过于绝对，就像是往装满水的杯子里倒水，你倒进去多少就会溢出来多少；同样，也像是往充满了气的气球里充气，你充的越多，内部压力越大，越可能爆炸。所谓"水满则溢，物极必反"说的就是这个道理。

所以，在说话的时候，要有所言有所不言，切忌过于绝对。

有一次乾隆皇帝下江南，路过一家商店，店铺的名字是"万家百货"。乾隆很好奇，于是就带着随从走进这家店铺。

他问老板："老板，您这万家百货，是什么意思呢？"老板说："所谓万家百货，就是说，只有你想不到的，没有你买不到的，应有尽有。"乾隆接着问："老板，我现在需要一把金制的锄头，你这店里有吗？"老板尴尬地站在一边。

可见，过于绝对的语言，会让自己无法自圆其说，而点到为止就不会有这样的尴尬。不管在什么情况下，说话都要坚持点到为止，切忌过于绝对，这样才能给自己留足余地。

★★★小贴士★★★

会说话的人，总是三言两语见好就收，不忘给对方留下一定的余地；不懂得说话的人，往往总是不肯善罢甘休，将事情推到了反面。所以，我们在生活中要掌握说话的技巧，要学会点到为止。

让尴尬走开，交流才能正常进行

只有在融洽的氛围中，双方的交谈才能够正常进行。如果不懂得交谈的技巧，在交流中经常会遇到尴尬。要让交流正常进行，除了要善于避免尴尬，也要学会适时化解尴尬。

公司一位女同事结婚了，一大早就到公司派发喜糖。大家恭喜祝福的话不断，气氛十分活跃。这时，一位男同事嬉笑着问一位大龄未婚女同事："什么时候可以吃到你的喜糖呀？"

女同事略显尴尬，但她迅速把脸转向旁边的一位女同事，指着她戴的耳环问："你这耳环设计很特别啊，很好看，在哪买的呀？我也想买。"于是两人就兴致勃勃地谈论起耳环这个话题来，反倒让那位男同事有些尴尬。

大龄女子尚未结婚，在大庭广众之下，被人问到婚姻这个问题，难免尴尬，不管是否如实回答，都可能引来大家的闲话。案例中的这位女同事反应不慢，她迅速地把话题转移到同事的耳环上，这样就回避掉了男同事的问题。对方见此情形，也意识到问了不该问的问题。

可见，转移话题是摆脱尴尬的基本方法之一。我们可以尽量圆融地去使用这一方法，让尴尬在不知不觉中被化解。

英国首相丘吉尔在担任海军大臣一职期间，曾经学过开飞机。有一次飞行着陆后，丘吉尔赶紧从机舱里跳了出来。谁知身后的飞机竟然再次启动，一头冲到海里去了，旁边的军官们目瞪口呆。

原来，丘吉尔忘了操作规程，慌乱之下又把引擎发动了起来。看着飞机“英勇”地冲入大海，丘吉尔也呆住了。不过他并没有太过惊慌，他摸摸自己的头，自我解嘲道：“这飞机跟我也有段时间了，好歹有些感情吧。想不到这么不够意思，刚离开我，就奔向大海的怀抱了。”

一句话让紧张的气氛得以缓解，丘吉尔也得以摆脱尴尬。

很多时候，通过自嘲也可以将自己从尴尬境地中解脱出来。自嘲能使自尊心通过自我排解的方式得到保护，也可以体现出说话者的风度和机智。不过要注意，自嘲实质上是当事人采取的一种表面消极，实为积极的方法，所以不要采取玩世不恭的态度。

安徒生是丹麦著名的童话作家，他经常戴着一顶破旧的帽子在街上悠闲地溜达。这天，他如往常一样，在街上走走看看，迎面遇到了当地一个富翁。这个富翁看到安徒生头上那顶破帽子，嘲笑道：“你脑袋上边的那个玩意儿是什么东西，可以算是一顶帽子吗？”安徒生马上回敬了一句：“您帽子底下的那个玩意儿是什么东西，可以算是一个脑袋吗？”

安徒生的聪明在于，他能直接模仿对方的话实时进行反击。那位富翁本想嘲笑安徒生衣着破旧寒酸，没想到反被安徒生嘲弄了。安徒生的这种方法叫作“仿拟话语”，就是用对方的句式，造一个相似但意思完全不同的句子反击。这种方法常常可以让别人“自己打自己嘴巴”。当别人尴尬的时候，我们自然也就不尴尬了。

针对不同情况下的尴尬，我们要用不同的方式去化解。巧妙地化解尴尬，有助于树立良好的个人形象，有助于维护正常的人际交往。

★★★小贴士★★★

在生活中，我们经常会碰到一些意想不到的事情，要么是自己失言失态，要么是别人有意让我们难堪。这时，为了不使自己变得尴尬，必须要替自己打好圆场。

委婉拒绝，不让对方难堪

婉言拒绝就是用温和、曲折的语言来表达拒绝。和直接拒绝相比，它更容易被接受，因为它在更大程度上顾全了被拒绝者的尊严。

小羽是某艺术团的钢琴师，经常参加一些大型文艺表演。有一次，她的朋友想去看一场表演，却没买到票，于是她想起了朋友小羽。

这天，她把小羽约出来，两人边喝着咖啡边聊天。在聊天过程中，这位朋友就把想法告诉了小羽，她说："我很想看这场演出，也很想欣赏你的钢琴演奏，但售票处的票已经卖光了，你能不能帮我搞一张票。"

小羽手头没有赠票，又不愿意在演出前为了一张票浪费精力，但面对好友的请求，她又不好拒绝，只得说道："很遗憾，我手上也没有票，不过，大厅里我有一个座位，如果你愿意……"

小羽的朋友十分开心，忙追问道："我愿意！我愿意！那个座位在哪里？"

小羽慢悠悠地回答："很好找，就在钢琴后面。"

其实，在这个故事中，小羽就是通过委婉的方式，拒绝了好友的请求。有些事我们碍于情面不好当场拒绝，不妨就像小羽一样，一开始先答应下来，不让对方感到难堪，接下来告诉对方一个可以接受的理由，这样对方也会认为你是真诚地、认真地对待他的请求，因此即使被拒绝也会理解。

小李在一个事业单位工作，平时积极努力，处事为人得体。同事们都很喜欢他，领导也对他非常赏识。

一天下班后，领导找他聊天。两个人先聊了一会儿工作上的事情，接着领导话题一转，谈及小李个人感情方面的事情，还说要帮他介绍一个对象。

小李现在不想考虑个人的事情，但是领导一番好意，又不好直接拒绝，于是他委婉、得体地拒绝了领导："关于我个人感情的事儿，您这么费心，我非常感激，但是我现在可能要辜负您的好意了，真的抱歉！我清楚，娶妻生子是每一个男人都要经历的事情，但是我自己曾立志：'如果我一事无成，没有经济基础，无论谁来给我做媒，介绍的对象多优秀，我都不会考虑的。'我现在还不具备结婚的条件，还不能肩负起婚姻的责任，所以不能轻易走入婚姻的殿堂。这是我自身的原因，跟您介绍的人无关，真心希望您能明白我的心意。"

小李清楚无误地把自己的真实想法讲给领导，情真意切。

现实生活中，没有谁总是能做到有求必应，拒绝他人是必须要面对的事情。许多时候，事情难就难在这个"不"字上，"不"字说得太直接，让人难堪，不说，自己又难办。这时，委婉拒绝往往会让双方"皆大欢喜"，因为这样既能表明自己的立场，又不会伤害彼此的感情。

★★★小贴士★★★

面对他人的请求，我们办不到、不会办的事情，不能碍于情面，随便答应，该拒绝的时候，要学会温和、委婉地说"不"。用这种方式说"不"，要比直接生硬地说"不"让人易于接受。通常，只要对方知趣，闻之肯定会"知难而退"。

第七章

放下自我：让对方成为焦点

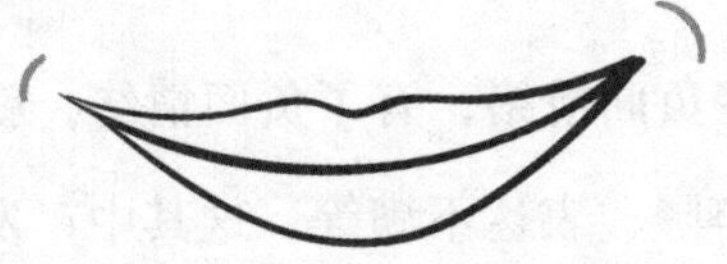

现实生活中，很多人在交流时，通常以“我”为中心，无论什么样的话题，均把“我”摆在第一位，其实这是一个极不明智的做法。

给对方说出不满的机会

每个人都会产生一些负面情绪，有了负面情绪，就要适时排解出来。常见的排解方式有抱怨、发牢骚、表达不满等。这其中，发牢骚与表达不满是最为常见的。

美国芝加哥郊外有一家非常有名的电话交换机制造工厂，这家工厂出名的原因并非因为技术多么先进，而是因为一系列的心理学试验。这家工厂就是霍桑工厂，而那些试验的结论则被命名为“霍桑效应”，并被写入了心理学著作中。

在所有霍桑试验中，有一项访谈试验，该试验的目的是为了探求工厂生产状况不佳的原因。霍桑工厂虽然有优越的工作条件和完善的福利保障，奇怪的是员工们仍然愤愤不平，以至于工厂的生产状况一再恶化。为探求原因，1924年11月，专家在该厂进行了“谈话实验”。

专家们用了两年多的时间，找工人个别谈话达到两万余人次，并对被访谈者的言谈做了详细记录。所有的专家在谈话过程中都很耐心地倾听工人们对厂方的各种意见和不满，每一个访谈者都被要求不准反驳和训斥被访谈者。尽管所有的受访者都倾谈所谓的意见，但是旁观者清楚，其实大部分员工都是在发牢骚。

让人意外的是，“谈话”之后，霍桑工厂的产量一升再升。这种奇妙的现象让社会心理学家倍感兴奋，经过研究，他们发现，“谈话实验”让工人觉得自己被重视，得到一种“发泄的满足”，从而感到心情舒畅、干劲倍增。

事实证明，心理上的满足对每一个人来说都是极为重要的，尤其是在与人合作之时，要想让彼此的合作更融洽，心理满足不可忽略。

尤其在工作中，要记住，你面对的不仅仅是同事，更是合作伙伴，你们不仅仅只限于工作上的交流，有时还需要感情的沟通。对方在发牢骚的时候，即使有些言语较为刺耳，你也有必要去倾听。如果你无视对方的抱怨，依然我行我素，采取不予理会的态度，那么对方的小牢骚就可能成为严重的不满，最终导致伙伴关系的破裂。

善待对方的“牢骚”不仅能促进彼此的关系，提高你的影响力，减少工作中的失误，而且更有利于整个团体关系的健康发展。“霍桑效应”就是充分重视对方的心理需求。

牢骚是真情实感的一种流露，里面往往有真言，有实话，有可供我们参考的意见，甚至有解决问题的良方。

小梁是某农业技术研究所的一名销售人员。有一次，所里研究出了一种新型的玉米种子。作为所里的销售骨干，小梁被任命为销售总监。然而小梁在销售过程中遇到了很多难题。

有一次，小梁到某地推广自己的新种子，去的时候信心满满，到了当地却被泼了无数次的冷水。小梁在那个地方待了一个月，却没有一个老乡愿意买他一粒种子，很多老乡甚至非常反感小梁上门推销，常常给小梁白眼看。这一度让小梁非常绝望。

这一天，小梁决定背水一战。但是面对小梁的推销，老乡们仍然是一片抱怨声，牢骚四起："什么能让我们脱贫致富？都是骗人的。前几年给我们推销花生种子，我们种了你们的花生种子，的确收成不错，但是没人收花生，都烂在了地里，有什么用？"

以前，面对老乡们的这些牢骚，小梁总是很无奈，心里特别难受。今天小梁却有了一种豁然开朗的感觉，他想，老乡们说得也有道理。突然间，他脑子里闪过一个念头：老乡们并不是觉得种子不好，而是因为怕种出来粮食卖不出去，如果和老乡们提前签订收购合同不就可以让他们买种子了吗？

小梁随后联系了多家粮食加工厂，说服了两家收购厂家和老乡们签订粮食收购合同，老乡们便纷纷来买小梁的新种子。就这样，小梁的种子逐渐打开了销售渠道。

其实，很多牢骚虽然听起来刺耳，却讲出了牢骚者的真情实感，借机抓住这些有价值的信息，有助于更准确地了解对方的处境与所面临的难题。

★★★小贴士★★★

虽然负面情绪会传染，但是在面对他人的牢骚与不满时，自己还是有摆正心态去听。听，能更好地读懂对方的心声，能帮助对方排解忧愁。反之，如果你无视对方的抱怨，采取不予理会的态度，那么对方的小牢骚就可能成为严重的不满。

看清交流的对象，把该说的话说好

“对牛弹琴”是我们再熟悉不过的成语，讲的就是一个人对着牛来弹琴的故事。对牛弹琴闹剧的发生，其实就是因为没有看清楚自己所面对的对象。在言语交际中也是如此，说话一定要分清楚对象。

在人际关系中，如何根据不同的对象，达到不同的言语效果，是我们应该十分重视的问题。如何与不同身份、地位的人做到言语和谐，可以说是说话的必修课之一。

孔子带着他的几名学生出外讲学、游览，一路上十分辛苦。

这一天，孔子一行人来到一个村庄，他们在一片树荫下休息，正准备吃点干粮、喝点水。不料，孔子的马挣脱了缰绳，跑到庄稼地里去吃人家的麦苗。一个农夫上前抓住马嚼子，将马扣下了。

子贡是孔子最得意的学生之一，一贯能言善辩。他首先上前，想说服那个农夫，争取和解。可是，他说话文绉绉，满口之乎者也，天上地下，将大道理讲了一串又一串，尽管费尽口舌，可农夫就是听不进去。

可见，说话必须看对象、看场合，否则，你再能言善辩，别人不买你的账也是白搭。子贡虽然能言善辩，把大道理讲了一大串，道理虽然是对的，他却用错了地方，找错了人；因此，在特定的场合，面对特定的对象，要讲合适的话。

李浩坐火车回老家，对面坐的是一位年轻的女孩，李浩做销售工作，生性开朗的他便想与对方搭讪。他发现女孩的穿着很特别，人虽然长得不算很出众，但从头到脚都透出一股民族风，于是他顺口说："你的手镯很少见，非常别致，恐怕市面上很难买到。"

女孩先是温和一笑，然后向李浩介绍了这只镯子的来历，又绘声绘色地给李浩讲了她奶奶的故事以及她对服装的一些理解。一路上两人愉快地交谈，直到火车到站。

李浩知道在女孩面前该说什么不该什么说，巧妙地做到了"说话看对象"，基于女孩的穿着特点，他把话题定格在女孩手腕上的镯子上，让对方有了谈话的兴致。那么，"说话看对象"要看对象的什么呢？要看对方的性格、性别、年龄以及心情等。

1.根据对方的性格，进行不同的对话

性格外向的人开朗直爽，与之交谈可以无拘无束；性格内向的人沉默寡言，与之交谈则应循循善诱。

仲由和冉求都是孔子的学生，他们分别问孔子，当听说一件事后能否立即就干，孔子却对这两人做出了截然不同的回答。有人问其中的原因是什么，孔子解释说："因为冉求平时做事缩手缩脚，所以我鼓励他闻风而动，听说了就干；而仲由性格好胜，胆大勇为，所以我要劝阻他，不能一听说就干。"

可见，我们在说话的时候要先看对方的性格，然后根据对方的性格特征说合适的话。

2.要根据对方的性别、年龄，进行不同的对话

与不同性别的人交谈，在说话方式、措辞、语调以及说话的态度上都应该有所区别，否则容易引起误会，甚至发生争执。

也要根据对方的年龄进行不同的对话。在日常生活中，如何说话还要看对方的年龄。例如，与长辈说话要体现一个“尊”字，与晚辈说话要体现一个“宽”字，与孩子说话要体现一个“爱”字。与女人说话，一般不要贸然提起年龄问题，因为年龄对女性而言是个敏感话题，对此需加注意。

3.根据对方的心情，进行不同的对话

有道是：“酒逢知己千杯少，话不投机半句多。”对方情绪好，愿意深谈，就应该畅所欲言；对方情绪不佳，就应该少说几句，或者结束谈话。

★★★小贴士★★★

俗话说：“到什么山，唱什么歌；见什么人，说什么话。”其实，这都是在告诉我们，在人际交往过程中，要做到“说话看对象”，最主要的是要了解说话对象，然后根据对象的特点说话。

谦虚不是懦弱，把握“软硬”的程度

无论是在职场还是在生活中，我们都要学会谦虚，学会说软话。这个世界很大，所谓天外有天，人外有人，不要觉得自己拿了名牌大学的文凭就可以只身闯天下，永远不要忘了知识来源于实践，那些书本上的知识也需要在实践中不断地得到完善，遇到不能独自完成的工作时，要学会向资深人士请教。请教时，一定要谦虚。

小林毕业后进入一家小公司实习，经理为了考验小林的实际工作能力，先让他做一份策划。当小林做好策划拿给经理看时，经理摇了摇头：“再改改吧。”小林很纳闷，可又不好意思再多问。他刚走出经理办公室，正好碰到公司的元老级人物——谢主管。

谢主管就笑着问：“小林，是不是策划没有通过呀，要不要我帮帮你。”小林没好气地来了一句：“还是算了吧！”此后好几次小林把改好的策划拿去给经理看，都被经理否决了，小林非常郁闷，这时候他想到了谢主管。

一天，他找到了谢主管，谢主管一见面就冷冰冰地说了一句：“林大学士，找我有何贵干呀？”小林一听，心想现在自己有事求人家，怎么也得说点软话吧。

于是小林就笑着说：“谢主管，您看您现在也是我们公司的老前辈了，在策划这方面又是把好手，您就帮我看看这几份策划方案吧，帮我指点迷津。”谢主管听完后不屑地笑了笑，说：“你可是名牌大学的毕业生呀，像我们这种学历背景的人怎么能和你比呀？更别提指点了，不敢当呀！”小林听后心里很不是滋味，停了一会还是开口说：“谢主管，我知道您虽然学历不是很高，但在实践方面您可要比我们这些初出茅庐的傻小子强很多呀，您老人家就帮帮我呗，您现在就是我师傅，师傅在上，请受徒弟一拜！”说着小林还深深地向谢主管鞠了一躬。

当然，需要说些软话时，一定要把握好尺度，别让说软话变成献媚。在具体的交谈中，说软话应该注意些什么呢？

1.要分清场合

说话一定要分清场合，不同的场合相同的话也会带来不同的寓意。如果你的能力确实不如别人，这件工作你确实胜任不了，你需要别人的帮助，这时候你就需要服软，也许他的学历没有你高，但他的能力比你要强，这时候你就要说：“前辈，你的资历比我要深，工作能力比我强，你帮我指导指导！”但注意一点，如果这句话不是在办公场合说的，而是在娱乐场所或是宴会上，就会让人觉得你是在讽刺，是在挖苦。

所以，说软话一定要分清场合，否则自己觉得是在向别人讨教，在别人看来却是在讽刺挖苦。

2.要摆正心态

在说软话时，一定要摆正自己的心态，不要觉得向别人说软话就是在降低自己，抬高别人。

刚刚毕业的大学生初次进入职场总想着大展宏图，觉得自己是高学历，眼里容不下那些学历不如自己的人，所以很多年轻人觉得，向那些学历不如自己的人讨教，是在变向降低自己。事实上并非如此，学会说软话也是一种能力，只要你自己摆正心态，反而会让你受益匪浅。

3.要注重口吻

我们都知道，不同的话用不同的口吻说出来，就会有不同的寓意。如果你觉得某人能力不如你，而你需要他的帮助，这时最好用请求的口吻说："你可以帮帮我吗？"如果你用的是一种冷冰冰的口气，对方会觉得你是在命令他，而不是在征求他的意见。

所以，无论是在生活中还是在职场上，在说软话时一定要注意自己的口吻，不要因为自己小小的疏忽而错失机会！

★★★小贴士★★★

谦虚其心，宏大其量。谦虚的人就像大海一样，把自己的位置放得很低，容纳万物生灵。他们从不刻意表现自己，不争强好胜，妄自尊大。他们尊重别人，也就很容易受到别人的尊重和信赖。说话谦虚就能少一分锐气，多一分和气。

善用询问，了解对方的真正想法

在沟通中，当对方默不作声或欲言又止的时候，可以用询问的方式，让交流继续，从而了解对方的立场以及需求、愿望、意见与感受。

例如，管理者在与下属沟通时，可以以询问的方式开头，比如“最近工作如何”“最近累不累”等。这样的询问，一方面为要说的话铺路，另一方面还可以营造亲切的谈话气氛。询问之后，管理者要积极地倾听，同时，也要简单复述已听到的部分，以确认没有理解错误。这么做是让下属知道，你是在认真听他说话，从而诱导其发表意见。

善于询问的人，能与他人进行更有效的沟通。如果只说不问，很难了解对方的心声，也更难了解到对方的真实情况，还有可能被人误以为是一种说教。

乔先生想要买一条吊带裤。一个周末的早晨，他走进一家专卖店，当时脑子里只想着一件事：买一条吊带裤。

于是，他对店员说：“我要买一条吊带裤。”小伙子很友善地回答了一句：“嗯，好的，先生，请您到那边。”

于是乔先生过去，看到那边挂着一排吊带裤。他从中选了一条，店员问：

“您准备如何付款？”乔先生把信用卡拿出来，递给了店员，结了账之后，乔先生就离开了。

整个购买过程，乔先生与店员几乎没有进行真正的交流。随后，乔先生沿着街角走了一段路，来到了一家电器城，他突然想起家里的闹钟坏了。

一个年轻的女孩站在门口，一见乔先生就迎了上去，对乔先生说：“您好，先生，欢迎来到电器城。”

乔先生点头说：“嗯，你好。我需要一个闹钟。”

“闹钟，”她说，“太好了。我们这有很多品种供您选择。”她指给乔先生看，然后问：“先生，我能问您一个问题吗？”

乔先生点头道：“可以。”

女孩说：“为什么您决定今天购买呢？”

乔先生告诉她：“我的新房子里缺少闹钟。”

“啊，原来如此，那么，真的要恭喜您了，乔迁之喜，可不能马虎。顺便问一句，您的新房有电视机吗？”乔先生意识到自己需要更换一台电视机。于是女孩带着他去看了电视机。

接着女孩又说：“顺便问一句，您有音响吗？”乔先生说“没有”。于是女孩又带着他去看了音响。

乔先生本打算只买一个小闹钟，结果在女孩儿的不断推荐下，他一口气买了两样电器。

注意以上两个销售员的差异。男装专卖店的销售员未曾主动攀谈，没有问乔先生为什么到这里买衣服。而电器商场的销售员引导了会谈的进程——她围绕“那天为什么去商场”这个话题，与乔先生攀谈起来，不断将销售引向深入。浅层沟通流于表面，获得的信息量太少，只有深入地沟通，才能给发问者带来更多信息。那么，我们在与人交流时，怎么用询问的方式获得对方的真实想法呢？

1.根据不同的时间、地点巧妙地安排

可以运用换位思考的方式，去了解对方的立场以及对方的需求与感受，从而引导对方发表意见。

2.运用扩大询问法和限定询问法

采用扩大询问法，可以让对方自由地发挥，让他多说，让我们知道更多的信息；采用限定询问法，则让对方始终不偏离会谈的主题，限定对方回答问题的方向。如“肖经理，贵公司的产品需求计划是如何报审的呢？”这就是一个扩大式的询问法；如“肖经理，像我们提交的一些供货计划，是需要通过您的审批后才能在下面的部门落实吗？”这是一个典型的限定询问法。另外，在询问时，注意千万不能犯“封闭话题”的毛病。采用封闭话题式的询问法，会造成对话的中止，如“肖经理，你们每个月销售额大概是六万元，对吧？”

★★★小贴士★★★

询问的方式多种多样，最为重要的一点是口气一定要温和，不能采用生硬或冷冰冰的方式。因为人都有逆反心理，一旦让对方听着不舒服，心理犯嘀咕，明明会告诉你的事情也会说“不知道”，以拒绝的你询问。

让对方感受到你的期待

每个人都有一定的潜力，但在很多时候都被自己的不自信所压抑。这时，如果有人给他们鼓励与期待，他们便能将潜力充分发挥出来。

1960年，罗森塔尔在加州一所学校里做了一个著名的实验。

新学期一开始，罗森塔尔请校长对两位教师说：“根据以往的教学考察，我认为你们是本校最优秀的教师。为此，今年学校特地挑选了一些极为聪明的孩子，作为你们的学生。但是，为了不伤害到其他的教师和学生，请你们尽量像平时一样教这些聪明的孩子，一定不要让其他人知道你们是被挑选出来的最优秀的老师，也不要让人知道你们的学生是高智商的孩子。”

在之后的一年里，这两位教师更加努力地教学。在学年考试中，这两个班级的学生成绩是全校中最优秀的。接着，校长公开了一个令人惊讶的事实：这两位老师和他们的学生，都不是被特意挑选出来的，也都不是最优秀的。

在这个实验中，所谓的“天才学生”和“最优秀的老师”其实都是谎言。但是由于校长的权威性，所有人都相信了这个谎言。首先，两位教师相信了它，接着他们又在不知不觉中，通过自己的语言和行为将期望传递给学生——

"我期望你们是最优秀的"。这样，无论是教师还是学生，他们的潜力都被前所未有地激发出来，并且推动着他们去取得好成绩。

这就是心理学上著名的"期望效应"，它是指人们往往会按照他人所期望的那样去做的心理现象。

一个人一旦感受到别人的期待，又接受了别人的赞美，他的自尊心、虚荣心、自信心就会被激发出来，哪怕事情再麻烦，自己的能力再有限，他也不愿看到别人对他的期望破灭，为了不辜负他人，为了维护别人给自己的好名声、好形象，他会竭尽全力。

大多数人都有过这样的体会：当朋友对自己说"我对你抱有很大的期望"，或者"我对你很有信心，你一定能将这件事做好"的时候，心中就会产生一种难以言喻的兴奋感，并下定决心去奋斗，以免辜负了朋友的期望。这就是"期望效应"的力量。

有人说，"你期望对方做什么，就赞扬他什么"，这句话确实很有道理。如果我们希望对方有创意，不妨说"我知道你很聪明、有创意"。如果我们希望对方具有非凡的协调能力，不妨说"你的协调能力不错，这件事由你全权负责"，让他们朝着期望的方向努力。

需要注意的是，适度地对他人寄予期望是一件好事，但如果超过他人的能力范围，很可能会给对方造成沉重的心理负担，进而使对方产生逆反心理。为了避免期望产生反作用，我们需要注意：期望需综合考虑对方的能力，保证对方能够做到；当对方达到了期望，务必要赞赏他；对方没有达到期望，也不要指责他，应给他激励与安慰。

★★★小贴士★★★

“说你行，你就行”，这句话很好地说明了期望效应。期望对人有巨大的影响，积极的期望会促使人们向好的方向发展。当然，这种期望一定要合情合理，还要具有可行性，不能是可望而不可即的。另外，这种期望还要具有一定的挑战性，要超出人们的原有水平，如此才有吸引力和激励性。

第八章

幽默之道：气氛轻松才好说话

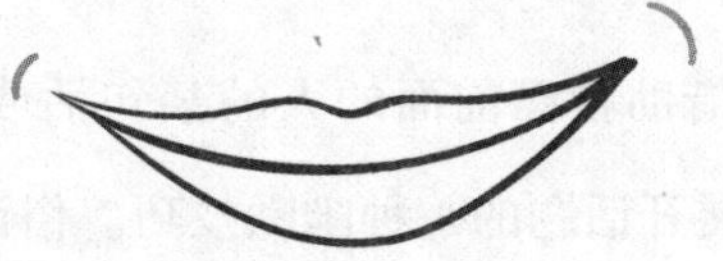

幽默的语言可以缓解人们内心的紧张情绪，释放压力，把不愉快化作轻松一笑。所以，与人交谈时，如果能及时说点幽默话，不但能为自己解决一些不必要的麻烦，还可以塑造自身形象，烘托谈话气氛。

借题开场，打开交流的通道

借题开场幽默术是借助自己前面的人的某句话或周围的某个事物作为话题，通过巧妙的发挥而展开话题的一种幽默技巧。俗话说："万事开头难。"说话自然也不例外。特别是当你被要求演讲时，或当你路遇自己喜爱的异性，想打破僵局时，怎样开讲，总是一件很棘手的事，甚至是很难为情的事。

不过，真遇到这种情况，你不必紧张，静下心来想一想，之前有没有可借助的话题，比如，周围的事物、天气、衣着、长相、姓名、动物等。借题开场幽默术就是帮你解决这种困难的，它要求你克服怯懦、找准话题。克服怯懦所需的是知识准备，产生幽默效果是最终的目的。一般情况下，当你的幽默效果出来了，听众发笑了，你与对方的心理距离就缩短了。这样，再转入正题，听众就会对你感兴趣，心情也会放松，注意力也会变得集中，所以接下来你的讲话就会顺当多了。

在一次全国散文研讨会上，主持人邀请一位散文研究家发言。在发言中，他以一些代表的房间门上贴的"请勿骚扰"为例，谈语言的轻重问题。

当天晚上，他很想听听代表们对他的谈话的意见，就来到一间门上贴有

“请勿骚扰”字条的代表的房间。

一进门，他便笑着对代表说：“我现在来骚扰大家了！”

两位代表一见是他，立即站起来说：“欢迎骚扰！欢迎骚扰！”

就这么两句话，使得整个谈话的气氛活跃起来。大家互相问候，然后畅所欲言，各抒己见，就散文的语言问题展开了热烈的讨论。在这次谈话中，大家都觉得获益匪浅。

一句“我来骚扰大家了”，这种谈笑式的语言消除了人们之间的陌生感，拉近了大家之间的关系，所以谈话能收到良好的效果。

有一次胡老师被邀请到外地一所大学去讲学。至于怎样开讲，胡老师心里也没谱，如果按照常规的方式开讲：“老师们、同学们：大家下午好！很高兴来到……”也未尝不可。开讲那天，主持人介绍他说：“下面就请胡老师来给大家做报告。”胡老师灵机一动，拿过话筒，接着说道：“我不是来为诸君做报告的，我是来‘胡说’的。”话音刚落，听众大笑。

这个开场白既巧妙地介绍了自己，又体现了演讲者谦逊的修养，而且活跃了现场的气氛，拉近了演讲者与听众的心理距离。胡老师的幽默在于以自己姓氏和主持人的介绍作题，反其意而用之，“胡说”一词作为点睛之词，幽默效果自然而出。

★★★小贴士★★★

借题开场幽默术的关键在于，找准话题后，展开想象的翅膀，敢于利用谐音、修辞等各种手法，适当向荒唐、虚幻的地方构思，从而达到活跃现场气氛的作用。

来点“错误理解”，添点笑料

我们平时写文章、说话时，都要求同一概念要前后一致，否则就是犯了逻辑错误，让人觉得前言不搭后语。但是如果把这种方法运用到谈话中，有时会起到意想不到的幽默效果。而且“偷”得越离谱，幽默的意味就越浓。在人际交往中，我们其实完全可以运用这种办法来调节关系，制造气氛。偶尔来点错误理解，能为生活增添些笑料。虽然从表面上看，错误理解会给人一种糊里糊涂的印象，但只要你运用得当，把智慧藏在糊涂之中，听的人心里头自然明明白白。

这种“错误理解”的技巧有以下几种。

1.故意歪曲理解显幽默

这其实就是用似是而非的荒唐道理去解释某种事物，让其产生令人称奇、啼笑皆非的幽默之趣。

一次，一位青年因为对另外两位年轻人的恋爱不满，便跑去找陶先生告状：“陶先生，您该管一管了，您看他们实在太不像话了，简直把恋爱当饭吃！”

“是吗？”陶先生听了这话，惊奇地问，“他们真的是把恋爱当饭吃？”

“难道我说假的吗？我说的可是真的，陶先生，您一定要批评批评他们。”这位青年一听陶先生的话，立即肯定地说。

陶先生听完后一字一顿地说：“恋爱当饭吃，这不错，好得很嘛！我不反对。”

那年轻人一听，惊异地说：“陶先生，请您不要说笑话，他们这样发展下去，对集体的影响是很大的！”

“哦？为什么呢？”陶先生佯装惊讶地问道。

“因为他们把恋爱当饭吃，如果不管，就会影响别人也把恋爱当饭吃。”

“那很好啊，我完全赞同。”陶先生一本正经地回答：“假如今后你谈恋爱，我也希望你和他们一样。”

“陶先生您又说笑话了！”

陶先生笑笑，说：“不！我可绝对不是说笑话，把恋爱当饭吃，这是人生最正确的恋爱观。人生每天吃饭不过三顿，按每顿10分钟，加个倍，一共也不过一个钟头。假如年轻人真能把恋爱当饭吃，每天只花一个钟头来谈恋爱，除了这一个钟头，其他时间都在专心地工作、学习，就可以发生力量，发生热，发生光。一句话，就可以使一天的工作和学习取得更大的成效，这岂不是很好吗？我想应该是很好的。并不是你们把恋爱当饭吃，恰恰相反，我就怕你们不把恋爱当饭吃，而是把它当成工作和学习，当成生活的全部啊！”

显然，陶先生先是肯定了“把恋爱当饭吃”的说法，让这个年轻人很不解，认为陶先生是在说笑话。但是，陶先生随后的那一番入情入理的分析，又让年轻人顿悟。

生活中许多时候都能用上这种方法，就像说“水这么烫，怎么喝？”回答“用嘴喝”一样，故意避开“烫”这个主要矛盾，回答“怎么喝”这个次要矛盾——“用嘴喝”，谁都知道，喝水自然要用嘴喝，但是在这种语境下，就有了些幽默的趣味。

当然，需要特别提示的是，故意歪解虽然是“歪解”，但是要歪解得巧，这样才能产生幽默的效果。

首先，你要将自己的意思顺畅地贯穿于你所说的内容；其次，你要让对方明白你是在歪解，但是你能自圆其说，这样才能达到理想的效果。

2.问东答西，笑料不断

问东答西，其实就是我们常说的答非所问，就是不根据对方的问题回答，或是有意偏离逻辑规则回答问题，回答时并不直接回答对方的提问，而是通过有意地错位回答让人捧腹。

一天，一个人有意刁难瑞士大教育家彼斯塔洛齐，向他提出一个问题：“你能不能从襁褓中就看出，小孩长大以后会成为一个什么样的人？”彼斯塔洛齐回答得很干脆：“这很简单。如果在襁褓中是个小姑娘，长大后一定是个女人；如果是个小男孩，长大后就会是个男子汉。”

彼斯塔洛齐的回答，既巧妙地避开了别人的有意刁难，又让人听了不免会心一笑。

3.偷换角色达到幽默效果

在某些场合，将所指的对象由自己换成他人，或者在明确理解对方所指的对象之后，另外虚构一个不同于对方原本所指对象的新对象，并对新对象说出幽默话语，也能起到很好的幽默效果。

一天，全村的人都来为一位99岁高龄的老人庆祝生日。由于村里出了这么一位远近闻名的寿星，村主任很高兴，一到老人家里，村主任就迫不及待地向老人祝寿：“老伯，我给您拜寿来了，希望明年还能给您庆贺百岁大寿！”

老人听完，上下打量了村主任一番，故作严肃地说：“为什么不能呢？你的身体好像还挺结实的嘛！”

这位老寿星就巧妙地运用了偷换角色的技巧。原本是村主任赞美老寿星的身体好，老寿星却把所指对象由自己换成了村主任，从而造成了一种幽默效果。

★★★小贴士★★★

在用这一技巧时，一定要不着痕迹，无论是实指，还是虚构的对象，都要达到顺理成章、水到渠成的效果，千万不要牵强附会。为了达到这一要求，偷换的角色或是虚构的角色最好是跟你这个角色本身就有着某种可比性或者关联性，这样就显得合情合理。

张冠李戴，别样的幽默技巧

在观看马戏团的演出时，我们经常会觉得那些穿服装的猴子、猩猩特别滑稽可笑，因为动物本来不具有某些人类的特征，当把人类的东西强加于动物身上时，自然就会给人一种不协调感，容易引人发笑。这就是张冠李戴所造成的喜剧效应。

说话也是这个道理，如果故意用甲来代替乙，并使其在特定的环境中产生不协调性，那样就能带来强烈的幽默效果。

当一位老师正在讲课的时候，一位调皮的学生在下面突然学起了鸡叫，课堂上顿时哄笑成一团。这时，老师镇定地看了看自己的手表，然后不紧不慢地说："看来我这块表走得实在是太慢了，竟然已经慢到了凌晨。但是，请同学们相信我，公鸡报晓是低等动物的一种本能。"同学们听到老师的话后，一边笑，一边用责备的眼神注视着那位恶作剧的同学。那位同学的脸早已通红，课堂渐渐安静了下来。

这位老师说的话有很强的幽默感，不仅活跃了课堂气氛，而且使那位恶作剧的同学感到羞愧，可以说是一举两得。

老师的话妙就妙在没有直言指责那位恶作剧的同学，而是使用环境替代法使其形成强烈的反差，所以产生了幽默感。这种不直接表述某种事物，或不直说某事某人的名称，而是用其他相关的词语、名称来取而代之的幽默方法，我们称为“张冠李戴”。

选择恰当的“冠”，主要有两种方法。一种是从现成的行业术语、专业术语中去选择；另一种是在说话过程中选择适当的词语来完成换名，这种选择和应用相对要难一些，但只要替代得好，便会产生很强幽默感。

某班要进行历史考试，老师对学生们说：“考试的时候，请同学们‘包产到户’，不要走‘共同富裕’的道路。”同学们都知道老师说的话的意思是不允许大家抄袭别人的考卷，要自己答自己的卷子。但是，老师的话妙就妙在没有直接说出考场纪律，而是用两个专有名词来说明。“包产到户”代替“自己答自己的卷子”，“共同富裕”代替“互相抄袭”。因为“包产到户”和“共同富裕”的巧妙借喻打破了考场上紧张严肃的气氛，产生了幽默感。

一名记者对某位长寿老人进行采访，请他谈一谈长寿的秘诀。老人笑着回答：“秘诀只有一个，那就是保持‘进出口平衡’。”这句话，让在场的所有人都笑了。“进出口平衡”本来是外贸行业里的一个常见术语，却被这位老人借代到饮食养生问题上来，其言外之意是显而易见的，说明了新陈代谢对身体的重要意义，让人听了感觉趣味无穷。

此外，运用张冠李戴幽默法时，还可以采用以古代今或以今代古的方法，由于这种张冠李戴时空跨度很大，相互代指很容易产生幽默的效果。

有位老师在给同学们讲《有为神农之言者许行》这篇课文，当讲到许行穿的、戴的、用的都是“以粟易之”时，她是这样说的：“许行每天都忙得不得了，今天去超市，明天去百货批发公司，后天又得去工厂加工订货……”这位老师是有意张冠李戴，用现代的名称和事物代指古文中的“以粟易之”，这种借代方式使人更容易理解原文的意思，还能让同学们在轻松愉快的氛围里专心听讲。

★★★小贴士★★★

在运用张冠李戴的幽默方法时，要注意一点，就是在采用借体时，要让双方都明白那个借体——“用来代替的事物”是怎么回事。如果采用对方不明真相的借体，你的幽默力量就不会传递给对方，那么你的幽默也就不会成功。

“反弹琵琶”要“弹”到点子上

“反弹琵琶”也是一种幽默的语言技巧。简单来说，把原本要表达“是”的意思，故意用“否”的形式说出来，也就是用相反的词语表达本意，目的是使反语和本意之间形成交叉，使听者从字面的含义领悟到相反的本意，从而发出会心的一笑。

反弹琵琶，虽然字面上难免让人感觉很突兀，似乎有些荒诞不经，但是深层里却传达出另一层意思，虽然没有明言，双方都心照不宣，前后两层意思的碰撞就产生了幽默效果。

反弹琵琶，如果运用得好，就能使话语含蓄风趣，跌宕多姿，产生出人意料的“笑果”，更会让幽默耐人寻味、增辉添彩。那么，我们在什么情况下该用反弹琵琶这一谈话技巧呢？

1.对不便直说的话题

与人交谈中，总会遇到一些难说出口或不便直言的时候，这时如果你反弹琵琶，正话反说，把话说得圆滑一些，使语意软化，含蓄地表达出自己的见解，转而烘托你本来要直说的意思，既可以化解彼此的尴尬，又易于听者接受，运用得当，不乏幽默诙谐。

一位初次执导电影的导演问观看他作品的观众："看过这部电影，你们有什么看法？"

观众说："很好呀！大家都说您拍的电影总是说出观众所想，与观众的欣赏水准非常一致。"

导演又问："那么为什么影片没放完，人就几乎走光了呢？"

观众说："因为影片怎样结尾，观众早就料到了，这简直是导演和观众心有灵犀一点通啊。"

观众的话正是反弹琵琶的典型，表面上句句夸奖导演，实则是婉言贬低，而其言语风趣之处，让人忍俊不禁。

2.表达内心的不满

当你需要表达内心的不满或批评时，也可以使用反弹琵琶的幽默技巧，用委婉而含蓄的话表达你真实的意思，让听者自己去领悟其语言的内在含义，这样更容易被听者所接受。

一位客人在饭店吃饭，结果端上来的米饭中吃出了不少沙子，客人把沙子吐出来，一一放在桌面上，服务员看到后很不好意思，于是语含抱歉地问："全是沙子吗？"客人摇摇头，微笑着说："不，也有米饭。"

吃饭自然是吃米，但是面对碗里的沙子，客人并没有直接指责，而是顺着服务员的意思，说出了一句很风趣的话，既否定了服务员"全是沙子吗"的问话，也表达了自己的不满。这种反弹琵琶的表达往往更容易让人接受。当然，这也更能展示出说话者的幽默。

3.解决过往的矛盾

有时候，反弹琵琶的幽默还能帮助化解人际关系中的一些矛盾，从而缓解彼此间的紧张关系。

2006年，克林顿和老布什参加一个募捐活动。老布什首先发言，一上台，他便谈及1992年与克林顿的往事。克林顿接着说："各位看到布什怎样为1992年竞选失败而报复了！我要沦为他的配角了，我会因此受到责难。"

由于两人在1992年的总统竞选时曾相互揭短，彼此争得你死我活。但是现在作为普通人，他们也就不计前嫌、过往不究了。于是克林顿利用这次机会，以平和的心态，通过正话反说的方式主动地与老布什和解，让两人之间的关系以幽默的方式冰释前嫌。

4.表达自己的赞扬

在一些特定场合，把一些人们习惯从正面来陈述和肯定的意思，偶然出人意料地用反面话来说，引起人们的惊愕，然后突然揭示出话语的真正含义，这样更能使语言的表述幽默风趣，寓意深长。

在一次演讲中，某演讲家打了一个比喻，说："男人，像大拇指；女人，像小拇指。"话音刚落，全场哗然，女听众们强烈地反对演讲家的这一比喻，认为这是在贬低女性。演讲家立即补充道："女士们，人们的大拇指，粗壮有力，而小拇指纤细、灵巧，而且可爱，不知诸位女士，哪一位愿意颠倒过来？"这句妙解立即平息了女听众的愤怒。

演讲家用大拇指比喻男人，以小拇指比喻女人，引起了许多在场女性的质疑，因为在一般人的观念里，大拇指是强者、优秀、完美的象征，而小拇指则是弱者、差劲的象征。但演讲家实际上是故意反弹琵琶，在惹得女听众不满之后，突然把原比喻翻转过来，揭示其正面意思，这更能给人以长久的回味。而其话语中蕴含的风趣诙谐，则让听者会心而笑。

★★★小贴士★★★

反语既能表达批评和讽刺，又能表达赞美和肯定，同时能给人以新奇巧妙、幽默含蓄、耐人寻味的感觉，而说反语的人通常给人以幽默、机智的印象。不过，在运用这种说话策略时，必须确保别人知道你在使用反语，否则很可能会造成误解。

情理之中，意料之外

幽默是一种智慧，尤其是那种看似意料之外却又在情理之中的幽默，往往让人产生“豁然开朗”的感觉，甚至在有时候还能化解一些争论和冲突。

一天，一位女士怒气冲冲地闯进食品商店，向正在工作的营业员大声说道：“我儿子刚在你们这里买了果酱，为什么缺斤少两，不给足够的分量呢？”

营业员先是一愣，然后回想一下，礼貌地回答：“请回去称一称您的孩子，看他是否长重了？”

这位女士一听这话，也明白了几分，心平气和地对营业员说：“噢，对不起，误会了。”

营业员确信自己不会称错，那么出现缺斤少两的情况可能是因为小孩把果酱偷吃了。如果营业员明说“我不会搞错的，肯定是你儿子偷吃了”，或者“你不先问问自己儿子，倒说我缺斤少两，真是莫名其妙”等反驳，不但不能平息顾客的怒气，反而会引发一场争论。

可是营业员用幽默委婉的语气指出这位女士忽略的问题，既维护了商店的信誉，又避免了一场争吵，一举两得。

一家酒馆老板脾气暴躁，听不得半句坏话。有一次，一个过路人在此喝酒，刚喝一口，就忍不住大叫："酒好酸。"老板听后大怒。这时又进来一位顾客，他问："老板为什么打人？"老板说："我卖的酒远近驰名，这人偏说我的酒是酸的，你说他该不该打？"这个人说："让我尝尝。"刚尝一口，那人眼睛和眉毛都挤在一起，脱口说道："你还是把他放了，打我两棍子吧。"大家哄堂大笑，一句诙谐的话语平息了一场纠纷。

幽默用生动形象、鲜明活泼、委婉、含蓄、风趣、机敏、确切的口头语言，友善地提出自己对现实问题的见解，能使对方在愉快的情境中，欢乐的笑声中接受批评教育，从而改正自己的缺点和错误。

一次，演讲家到某城市演讲。演讲开始时，他说："我今天给大家谈六个问题。"然后就第一、第二、第三、第四、第五有条不紊地讲着。

讲完第五个问题时，他发现还有几分钟就散会了，于是提高嗓门，一本正经地说："第六，散会。"

听众起初一愣，不久就被演讲家的幽默感逗笑了。演讲家这里运用了一种"平地起波澜"幽默艺术，打破了正常的演讲形式，出乎听众意料，起到了幽默的效果。

美国著名诗人、文艺评论家詹姆斯·罗威尔，1883年担任驻英大使。一天，在伦敦举行的一次晚宴上，他发表了一篇名为《餐后演讲》的即席演说，演说即将结束他是这样说的：

很小的时候，我听过一个故事，他的故事中有这样一段话：太阳有三种运行方式，第一种是径直或者说是向前运动；第二种是后退或者说是向后运动；第三种即静止不动。（笑声）

先生们，不知你们是否明白这个故事的寓意，希望你们明白了。今晚的餐后演讲者首先是走径直方向（起身离座，做示范）——即太阳向前的运动；然后他又返回，开始重复自己——即太阳向后的运动；最后，凭着良好的方向感，将自己带到终点。这就是我刚才说过的太阳静止的运动。（在欢笑声中，罗威尔重又入座）

这种紧扣话题的动作表演，惟妙惟肖，自然能赢得听众的热烈掌声和欢笑声。

★★★小贴士★★★

幽默用生动形象、鲜明活泼、委婉、含蓄、风趣、机敏、确切的口头语言，友善地提出自己对现实问题的见解，能使对方在愉快的情境中，欢乐的笑声中接受批评教育，从而改正自己的缺点和错误。

严肃的话轻松说

严肃的话令人肃然，可是往往显得呆板乏味。在现实生活中，如果能用幽默的方式来说明事理，不但能令人愉快地接受批评或建议，并且能让人体会到言语的优美和风趣。

事实上，风趣幽默的语言能够让人过耳不忘，给人留下深刻的印象，更能够说明事理。

老师批评学生是一件严肃的事情，但是容易引起学生的反感，达不到教育的效果。这时老师不妨把严肃的批评气氛变得轻松一些，下面这位老师做得不错。

有一位同学在教室里追逐奔跑，教室被搞得乌烟瘴气，其他同学都十分不满。

正巧班主任老师走进来，该同学见了，急忙三蹦两跳，回到自己的位置，双手在桌子上撑着，人弹起来，脚一跨，坐到了椅子上，动作利索极了。

同学们见老师来了，纷纷向老师告状，希望老师批评一下这名调皮的学生。老师见到这样的场面，也很生气。可是这位老师并没有批评这位调皮的同学，却笑着说："同学们，刘翔是2004年奥运会跨栏冠军，2008年刘氏家族又将出现一个跨栏冠军，那就是咱们班的刘杰同学。"

老师的一番话说得同学们都笑了，刘杰同学羞红了脸，低着头。从那以后，他再也不在教室里乱跑乱跳了。

法国演讲家雷曼麦说："用风趣的方式处理严肃的问题，比直截了当地处理更易让人接受。"

就像上面那个例子中的老师，面对学生违反班级纪律，不是板起面孔批评他一顿，而是把严肃的话风趣地说，这一方面表现了老师善解人意、宽以待人的品格；另一方面，通过老师风趣的语言，缩短了师生间的心理距离，让学生认识到其实老师也有风趣幽默的一面，并不是只会批评学生。这能够减轻被批评学生的心理压力，让学生在笑声中感受和理解老师的用意。

有些时候，把人的名字弄错是一件很尴尬的事情，如果这时开上一个玩笑，就能化解尴尬。

一位姓陈的先生拿着自己的名帖去拜访一位姓周的先生。周先生经常念别字，竟将"陈"字误读作"东"字，迎客时连连说："东先生请坐！东先生请坐！"

陈先生不动声色，答道："吉先生不必客气，吉先生不必客气……"

周先生这下不太高兴了，问道："我本姓周，为何称我为'吉'先生？"

陈先生从容地回答："我本姓陈，您为何称我'东'先生？你割了我的耳朵，我就要剥你的皮呀……"

周先生意识到自己读错了对方的姓氏，连连道歉。

★★★**小贴士**★★★

与人交谈的过程中，我们可能会遇到一些严肃的话题。这个时候如果我们的口气和表情与话题一样严肃的话，难免会给对方造成很大的心理压力，使谈话的气氛陷入压抑的状态。如果改变口吻。将严肃的话题轻松说出来，有利于交谈的效果。

用自我解嘲摆脱尴尬局面

人非圣贤，孰能无过。每个人都会有缺点、失误以及出现尴尬的情况。在人与人之间的相处中，当自己做错了事或误了事的时候，如果遮遮掩掩或者极力辩解，往往会越描越黑。反之，如果能自我解嘲一番，不但可以使自己不会过于尴尬，还可以获得对方的谅解。

古代有个石学士，一次骑驴不慎摔在地上，这位石学士不慌不忙地站起来说："亏我是石学士，要是瓦的，还不摔成碎片？"一句妙语，说得在场的人哈哈大笑，自然石学士也在笑声中化解了难堪。以此类推，一位胖子摔倒了，可说："如果不是这一身肉托着，还不把骨头摔折了？"换成瘦子，又可说："要不是重量轻，这一摔就成了肉饼了！"

由此可见，自嘲时要对着自己的某个缺点"猛烈开火"，很容易妙趣横生。自我解嘲还可以缓解他人的压力，容易赢得别人的喜欢与亲近。

佩迈尔是美国传奇式的篮球教练。他曾带领着欧洲迪鲍尔大学的篮球队在国内比赛获得过39次冠军，许多球迷为之倾倒。可是，他的球队在蝉联39次冠军之后的一次球赛，却遭到一次空前的惨败。比赛一结束，记者们蜂拥而至，把他围了个水泄不通，问他打败仗有何感想。他微笑着说：“好极了，现在我们可以轻装上阵，全力以赴地去争夺冠军，背上再也没有冠军的包袱了。”

有时候，太生硬的语言是很难让人接受的，相反，把语气放软一点，换一种幽默的说法，则可以增强谈话效果。有些幽默高手，即使遇到令人尴尬的问题，也能使问题迎刃而解，就是因为掌握了这一谈话技巧。

在社交活动中，偶尔出现一些尴尬的情况实在是再正常不过了，但不能因此乱了阵脚，慌乱无补于事。如果此时，你能保持镇静，巧妙地运用幽默，给自己或他人搭一个台阶，那么尴尬自然会烟消云散。

可见，适时适度地“自嘲”不失为一种良好的语言修养，一种充满魅力的交际技巧。它不仅能展示自我解嘲者的机智、镇静，还能展示其豁达、自信的心态。

自我解嘲要求具备豁达、乐观、超脱的心态，同时，还要有足够的自信心。因为只有足够自信的人才能拿自身的失误、不足甚至生理缺陷来“开涮”，对丑处、羞处不予遮掩，反而把它放大、夸张，最后巧妙地引申发挥、自圆其说。

生活中，当你遇到尴尬的场面时，不妨神色自若地自我调侃一下，比如，如果有人说你的个子太高，你不妨说：“哦，上面的空气比较好。”

当然，任何时候用自我解嘲的方式调节气氛，一定要注意把握好分寸，否则，失了分寸，过了火候，容易让人产生误会。

★★★小贴士★★★

自嘲要求你具备豁达、乐观、超脱的心态和胸怀，同时，你应是一个自信的人。因为，只有足够自信的人，才能拿自身的失误、不足开玩笑，巧妙地引申发挥、自圆其说。

第九章

言之有忌：口无遮拦难免尴尬

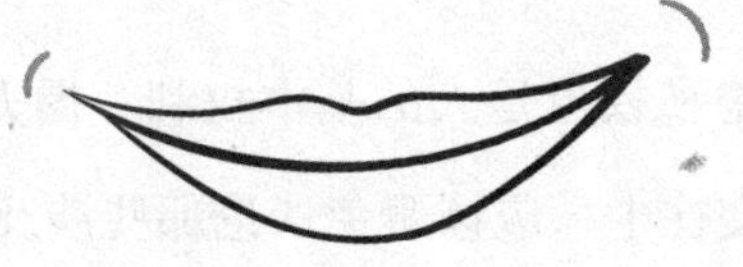

说话切莫口无遮拦，不分场合、不分对象乱说一通。在人际交往中，一定要记住有些话能说，有些话不能说，自己要有一定的分寸。懂得说话的人，会注意说话的场合与对象，始终可以做到言之有忌；而不懂说话的人，不动脑子，言而无忌，难免会得罪人。

隐私的话题，最好别碰触

每个人都有隐私，隐私权也是人的基本权利。揭人隐私是人际交往中的一大禁忌。所以，在与人交往中，应该避免谈论那些涉及别人隐私的问题。

一次，李强与朋友一起吃饭时，朋友给他介绍了同桌的一位朋友认识。他与对方寒暄了几句后，无意中，李强问对方最近的一批货是以什么价位进的。

话一出口，他就后悔了。这一行竞争十分激烈，进货价都是保密的。答复他吧，不可能；不答复他吧，朋友一场，面子有些不好看。

正在他不知所措之时，这位朋友问他："你能保密吗？"一听他相信自己，李强一拍胸脯，保证说："能，我当然保密了！"

这位朋友笑了笑，说道："很好，我也能保密。"一句简单的问答，让李强避免了尴尬。

在实际的生活当中，喜欢探人隐私的人不但不招人喜欢，而且自己也常常吃亏。所以，我们不仅不要主动打探他人的隐私，即使对方要告诉我们隐私，也要尽量避开，以免将来给自己惹麻烦。

大华和小京曾经是一对很要好的朋友，他们从小一起长大，可以说对彼此知根知底。后来大华上了大学，小京去了专科学校。两个人有很长一段时间没见面。有一次大华带着自己的女朋友回到家乡，正好小京也回乡了，两人约好一起吃饭。

由于很久没有见面了，两个人兴致很高，喝得有些微醉。喝醉后的小京一直在说大华小时候的隐私，这让大华很尴尬，但也无可奈何，他用眼神示意小京不要再说了。但是说得正欢的小京根本没有注意到这一切，还是滔滔不绝。

毕竟是面对自己的女朋友，这样的尴尬让大华在面子上实在过不去。以后回乡也不敢再联系小京了，尤其是有外人在场的情况，坚决不约小京，怕小京一不小心又说出自己的隐私，揭自己的老底儿，让自己颜面扫地。

小京说话没有忌讳，揭了大华的“隐私”，结果失去了大华的信任，影响了友情。假如小京言之有忌，就不会出现这种情况。所以，说话的时候，言而有忌是非常重要的。该说的可以说，不该说的就不要说，甚至一个字也不要提，尤其是在对对方来说很重要的场合，说话更要有所忌讳。

有的人什么事都喜欢打听，喜欢打探别人的私事。有时为了增加谈资，有时仅仅是一时好奇，即使与自己无关的事，仍然喜欢问个究竟。如果是对对方的关心，还会让人对你有所好感，但若不是，就会令人讨厌了。

在日常交际中，我们应避免谈论这类话题：女士的年龄；工作及工资情况；家庭内务及存款；夫妻感情；身体状况；不愿公开的工作计划；不愿意为人知道的其他隐私。

每个人的内心深处都会本能地维护自己的秘密，遇到别人询问时，很自然地会产生逆反心理。如再遇到那种什么事都不放过的“查户口专家”，被问者的厌烦之情会更加强烈。

在你想问对方某个问题的时候，最好先在脑中思考30秒钟，看看这个问题是否会侵犯对方的个人隐私。如果有可能侵犯，要尽量避免问这样的问题。否则，对方很难接受你，更谈不上与你轻松愉快地交谈了。

★★★小贴士★★★

一般情况下，人们都会对自己的隐私守口如瓶，而假如一个人非常信任另一个人，就会把自己的隐私说给对方听。当别人把自己的隐私告诉了你，就是非常信任你的表现，同时也希望你能一直为他保守这个秘密。

揭人短处得不偿失

在现实生活中，每个人都有自己的缺点，在同他人聊天时，一定要慎重，不能拿对方的缺点做文章。如果故意提到对方的缺点，这无疑是在别人的伤口上撒盐，既让对方反感，又会使谈话无法进行。

朱元璋是明朝的开国皇帝，他出身卑微，曾当过和尚，还在街头要过饭。做了皇帝后，昔日的那些穷哥们儿自然少不了到京城去投靠他。这些人原本想着他们是和朱元璋共过患难的朋友，现在朱元璋发达了，一定会念在昔日的情份上，给他们封个一官半职，也让他们享受一下衣来伸手、饭来张口的生活。

有位和朱元璋一块长大的老友，从老家千里迢迢地赶到南京，几经周折总算进了皇宫，见着了朱元璋。这位淳朴的老兄依然把朱元璋当成儿时的那个玩伴，所以一见面，他就当着文武百官的面，大嚷大叫起来："哎呀，朱老四，你当了皇帝可真威风呀！还记得我吗？当年咱俩可光着屁股玩过，你干了坏事，总是让我替你挨打。记得有一次咱俩一块偷豆子吃，背着大人用破瓦罐煮。豆还没煮熟，你就先抢起来，结果把瓦罐弄烂了，豆子撒了一地。你吃得太急，豆子卡在嗓子眼儿了，最后还是我帮你弄出来的。怎么，不记得了？"

这穷哥们儿以为提起儿时的事情，朱元璋就能念及旧情，可是他做梦也没想到，就是这一番话给自己带来了杀身之祸。当他还在那儿喋喋不休时，宝座上的朱元璋再也坐不住了，心想："此人太不懂规矩了，居然当着文武百官的面让我下不了台。"盛怒之下，朱元璋下令把这个人杀了。

故事中那个可怜的人原本是为自己求荣华富贵来的，可谁知，无意间揭了朱元璋的短处，结果把小命都给搭进去了。

在与人交往的过程中，我们一定要学会在不同的场合说不同的话。场面话并不是谁都会说，一个不小心，也许你就踏进了别人的"禁区"，触到了对方的短处，犯了对方的忌，对当事人造成一定的伤害，自己也下不来台。

俗话说："矬子面前莫说矮。"那些面对生理上的缺陷或是家庭不幸的人，他们本身就已经很痛苦了，如果再有意无意地揭别人伤疤，只会让对方感觉更痛苦，所以，在碰到这种情况的时候就要加以避讳，尽量注意语言说词，不然只会伤人又伤己。

揭短有时是故意的，那是敌视的双方用来互相攻击的武器；有时又是无意的，那是因为一不小心犯了对方的忌讳。有心也好，无意也罢，在待人处世中揭人之短、戳人之痛都会伤害对方的自尊，轻则影响双方的感情，重则导致友谊的破裂。

常言道："金无足赤，人无完人。"生活是复杂多变的，每个人都有缺点，都会犯一些说话上的错误。由于种种原因，在与人交谈或共事时，要讲究语言技巧，要尽量把话说得委婉、含蓄些，在遣词造句时，不可说出那些带有直接刺激对方的字眼，无论对别人有多么不满，也不能揭别人的"疮疤"，拆别人的台。

★★★小贴士★★★

每个人都有心理“禁区”。这个“禁区”就像人们常说的胖子面前不提肥、“东施”面前不言丑一样，对让他人感到痛苦的事情应尽量避而不谈。懂得说话不揭短的人，也往往懂得尊重他人，对他人尊重就是对自己尊重。

不要轻易“插嘴”，既是尊重又是涵养

随便打断他人的谈话是不礼貌的。我们把随便打断他人讲话的行为叫“插嘴”。“插嘴”在日常交际中是非常不礼貌的一件事情，很容易引起别人的反感，令人生厌。然而很多人并没有意识到“插嘴”的坏影响，我们来看这样一个小故事。

小秦大学毕业以后只身闯荡北京，想在北京发展自己的事业。

到北京以后，经过一个多月的奔波，小秦终于在一个软件公司找到了一份不错的工作。小秦非常珍惜这个工作机会，因此工作非常努力和积极。甚至有些时候，小秦表现得有点过于积极了。

例如，每一次公司开例会的时候，部门经理让大家发言，小秦总是第一个发言，并且会说很多，总是讲自己工作的时候怎么努力，又有什么新的想法，说得不亦乐乎。每次小秦把自己的话讲完以后，例会的时间基本上也就用完了。

不仅如此，小秦还有一个很不好的习惯，就是喜欢在别人说话的时候打断对方。不管是在例会上，还是大家讨论工作之外的事情，小秦非常喜欢在别人

说话的时候插嘴。一次两次被打断，很多人也就忍了；次数多了，有些人实在忍不下去了，开始抱怨。

的确，像小秦这样的人不管走到哪里肯定都不会很受欢迎。没有人愿意在自己说话的时候被别人打断，经常打断别人说话是一件非常无礼的事情。

不去打断别人的说话既是一种耐心，也是一种尊重，是对他人的尊重，也是对自己的尊重。不打断别人说话既是一种修养，更是一种美德，一种交际的艺术。在你开口之前，让别人把话说完，体现的是你的风度，能表现出你对别人的理解与宽容。因此，要想获得别人的尊重，有一个好人缘，就得尊重他人说话的权利，不要轻易打断。

虽然在别人说话时随便插话是非常不礼貌的，但是如果有必要表明你的意见，非要打断谈话，一定要注意以下插话技巧。

第一，当你要找某人处理事情时，可以先给他做一些暗示性的小动作，他一般会找机会和你说话。不过要注意的是，你不要静悄悄地站在他们身边，否则会被认为是在偷听。你可以先跟他们打个招呼：“很对不起，打断你们一下。”当他们停止交谈时，你就赶快用尽可能简洁的语言说明来意，一旦事情处理完毕，要马上离开现场。

如果你想加入他们的谈话，可以找个合适的机会，礼貌地说：“对不起，我可以加入你们的谈话吗？”或者大方客气地打招呼，让你的朋友或同事帮着互相介绍一下，那样很快就能融入对方的交谈中。

第二，在交谈的过程中，如果你想补充另一方的谈话或联想到了与谈话有关的情况，想立刻进行补充说明，这时，你可以对谈话者说“我插一句”“请允许我补充一点”，然后说出自己的意见。这样的插话不要过多，以免扰乱对方的思路。

第三，如果你不同意对方的观点，一般也不要打断他的谈话。可是若你们比较熟悉，或者问题十分严重，也可以先表示一下态度，等对方说完后再进行详细阐述。不过要注意的是，即使分歧再大，也决不能恶语伤人或出言不逊。就算和对方发生了争吵，也不能斥责、讥讽或辱骂对方。

★★★小贴士★★★

打断别人说话通常会引起对方的不快，有时甚至会产生不必要的误会。一个精明而有教养的人在和别人交谈时，即使对方长篇大论地说个不停，也绝不会插嘴，因为他知道，打断别人说话，不但是件不礼貌的事，而且无助于双方的沟通。

请别心直口快，要顾及他人面子

无心的话语给他人带来的伤害往往是巨大的，特别是在某些特定的场合，说话切忌心直口快，一定要顾及别人的颜面。

慕容是一位优秀的业务员，平时为人坦诚，客户都觉得这个人很爽朗，也愿意与他交往。在公司组织的一次户外拓展训练活动中，他却因为一时口误，而让同事很难堪，自己的良好形象也因此大打折扣。

事情的经过是这样的：在活动中，有一项需要团队协作的游戏，大家推举慕容为游戏的裁判者。虽然说只是一个游戏，但是大家都很认真，不愿意扯团队的后腿。

A组里有个叫李丽的女孩，身体素质不是特别好，没跑几步就气喘吁吁了。其他的同事都在给她呐喊助威，她也坚持到了最后，虽然最后输掉了比赛，但大家还是给了她热烈的掌声。裁判慕容最后总结时说："今天的比赛非常好，充分显示了我们大家的团结，不过我说李丽，你平时就该注意一下运动了，看你现在胖成那样儿，平时就知道往嘴里塞东西吃，一个女孩子，那么胖像什么样子啊，今天，你们组都是因为你才输掉了比赛。"话音刚落，就见李丽的脸刷地红了，险些哭了出来。于是大家都对慕容说："你就别说了，她已经很努力地完成了比赛，只不过是一个游戏嘛，只要参与了就好。”慕容摆出一副不以为然的样子说：“怎么了？她本来就胖啊，难道还不让说啊，谁让她平时就知道吃。”大家都沉默了。

在人际交往的过程中，要少驳人面子，多给人留面子。面子为别人留得好、留得妙，就容易得别人的帮助和支持。因此，我们在与人交流时，应该注意从对人、对事方面着手，顾及他人面子。

1.对人方面

尽管有些时候，直言指出他人处世的不当，或者纠正他人性格上的弱点，可能是出于善意，但是，有些人可能不理解、不接受。因此，尽量不要随着自己的性子去直言他人的弱点，即便讲也要注意方式方法。

2.对事方面

有句话叫“对事不对人”。意思是，你在批评别人的时候，是就事论事，不掺杂个人情感。

在和人交谈时，切忌非要与对方一争高下，分出高低。另外，也不要在一些细枝末节上喋喋不休，或纠正他人的错误，借以炫耀自己，这样只会影响自己的形象。所以，为了与他人更好地沟通，这种谈话方式必须舍弃，多些随性、不具侵略性的谈话，才能使别人更容易接受你。

★★★小贴士★★★

在与人（尤其是不太熟的人）交流时，最好凡事多一分顾虑，说话之前先想一想，看看如何表达更合适。

闲谈莫论人是非

闲谈是一件轻松的事情，是提高生活情趣的一种方式，不该有所顾忌，否则就违背了闲谈的目的。不过有一点，经常在背后谈论他人是非的人，肯定不会是受欢迎的人。因为凡是有点儿头脑的人，都会自然而然地这么想："这次你在我面前说别人的是非，下次你就有可能在别人面前说我的坏话。"这样一来，你给别人的印象就好不到哪里去。

陈平与李燕是一对非常要好的朋友。一天，她们应邀参加另一个朋友的生日聚会。在宴会大厅里，陈平遇到了一个小学同学，于是热情地上前打招呼，两人很快就聊了起来。谈话过程中，陈平的小学同学提到了李燕，说："我和李燕也是同学，她那个人实在不怎么样，不知道她现在做什么，不过肯定混不好，像她那么自私的人，谁会与她交朋友！"听到这里，陈平说："不要在别人背后说三道四，这样是不礼貌的，更何况李燕并非像你所说的那样，她为人很正直，我们已是多年的好朋友了。"说罢转身离开了。

闲谈是考验一个人品德高尚与否的重要标准之一。一个人如果在闲谈中，总是捕风捉影、搬弄是非，说明这个人的品格不高尚。所以，在与人相处时，一定要注意帮别人把好风口，这样在维护别人形象的同时，也会给自己少找些麻烦。

莉莉是一个从不在背后说别人坏话的人，她的两个朋友因为一件小事闹了些不愉快，平时 ，两个人见面后都假装若无其事，但私下都会在第三者面前说对方的坏话。

身为她们共同的朋友，莉莉自然也就成了她们共同“倾诉”的对象。莉莉知道她们之间发生了什么，所以当甲对莉莉说乙的坏话时，莉莉尽可能地保持沉默，在适当的时候加进一两句劝导的话，不对乙做任何评论；当乙对莉莉说甲的坏话时，莉莉也同样不对甲做任何评论，同时也会劝导乙几句。莉莉也不做她们的“传声筒”，不会把她们之间的事讲给任何一个人。

一段时间过后，甲乙重归于好。此时，她们都非常感谢、钦佩莉莉当时的表现，如果不是莉莉从中劝和，为她们保守秘密，恐怕她们的矛盾会进一步激化。从此，她们对莉莉更加尊重，并且愿意向她倾诉。

当你当着第三者把别人说得一无是处的时候，其实，自己的形象也已经一无是处了。“闲谈莫论人非”，要想成为一个受欢迎的人，就要多说别人的好话，而不是背后说别人的是非。

曾有人将舌头比作一把锋利的剑，可以杀人于无形中。甚至一点也不夸张地说，一句不负责任的话，很可能造成一场人间悲剧。与人闲谈时，一定要注意自己的言行，别让闲谈害了他人，损了自己。要避免使闲谈生出是非，影响自己与他人的形象，平时应注意以下几点。

1.不说别人忌讳的话题

在闲谈中尽量回避对方忌讳的话题，用一颗爱心去体谅他人。要知道，任何人被击中痛处都会受到伤害。所以，在与人交谈过程中，必须管好自己的嘴，不提他人忌讳的话题。

2.控制情绪，以免出口伤人

许多人一旦被激怒，理智便消失殆尽，说出一些令他人不能接受的话，等到风平浪静后，回想自己说过的话，又不禁后悔万分。所以，当自己即将发怒时，首先要控制好嘴，不管说什么样的话，都要本着不伤人为第一原则。

3.闲谈不说不着边际的话

双方交谈时，最好不要谈论第三者，即使所谈之事不可避免地涉及第三者，也要掌握好一个度，跟此事密切相关的可以谈，但没有联系的事尽量不要涉及。更不能当着交谈者的面，用不礼貌的语言评论第三者，或用侮辱性的语言诽谤第三者，这些都触犯了谈话禁忌。

4.不要嘲笑对方失言的地方

闲谈中，对方的言谈举止有失态的地方，不宜嘲笑，即使提醒对方也要保持风度，要采取适当的手段，给别人留足面子。在闲谈中，经常给别人留余地，能表现出一个人的风度与修养。时间长了，会给人留下宽容豁达、胸襟磊落的好印象。

闲谈中，必须用好大脑管好嘴。闲谈是增进感情、扩大人际交往最有力的渠道，不要因一时口误而造成不可挽回的损失。

★★★小贴士★★★

闲谈是考验一个人品德高尚与否的重要标准之一。一个人如果在闲谈中，总是捕风捉影、搬弄是非，说明这个人的品格不高尚。所以，在与人相处时，一定要注意不要因闲谈用语不当而损害自身形象，甚至也损害他人的形象。

玩笑是佐料，交谈时要掌握好“火候”

开玩笑是我们在与他人交谈的过程中，经常使用的说话方式之一，就像菜肴的调味品，可以让味道更加丰富。玩笑开得适当，不仅可以调节气氛、减轻疲劳，还可以缩短与交谈者的距离。当然，一切都得有个度，开玩笑也不例外，一定要掌握好“火候”，过头的玩笑不能开，否则适得其反。

一天夜晚，在外出差的李先生刚回到宾馆，便接到好友的电话，没聊几句好友便说：“你爱人下午不慎掉进窨井，已经被我送进医院，她现在状态良好，身体并无大碍，你就安心在外地出差吧。”

王先生听到后，连夜赶回家。推开家门一看，妻子安然无恙，才知道自己被朋友耍了。于是他打电话质问自己的好友，好友觉得只是一个玩笑，哈哈一笑，说：“我只是开个玩笑，你何必当真呢？”

显然，这位好友的玩笑开过头了。朋友之间相互取乐，说话不受约束，是友谊至深的表现，这是人生的一件快事。不过，任何事情都具有两面性，因玩笑过头而导致朋友不欢而散的事儿时常发生。

开玩笑也要考虑对方的尊严，如果让对方太难堪，也就失去了玩笑的意义。虽然你没有什么恶意，但当你的玩笑让对方有失面子与尊严，那绝对不是一个好玩笑！例如，用轻松的口吻取笑同事遭上司训斥，取笑亲戚做生意失败，取笑朋友失恋……本来这些人需要同情与安慰，你虽然说者无意，但听者有心，认为你是在落井下石。

可见，在与人交谈的过程中，得体的玩笑犹如润滑剂，可以松弛神经，活跃气氛，创造出一种适宜的交谈氛围。可以说，诙谐幽默的人更受人欢迎，那在与人沟通过程中，该如何把握好开玩笑的度呢？

1.开玩笑的内容要高雅

开玩笑是一门学问，简单地说就是利用幽默的语言，有技巧地进行思想和情感的交流。内容健康、格调高雅的玩笑，不但可以启迪对方，还可以给对方带来精神上的享受，与此同时，也能够塑造自己的良好形象。如果开玩笑时说的是污言秽语，不仅使语言环境变得乌烟瘴气，对于听者也是一种侮辱，至少是一种不尊重，同时也说明自己情趣低俗、文化修养低。

2.开玩笑时态度要友善

玩笑应该是在一种相对轻松的环境下进行，与人为善，是开玩笑的基本原则。开玩笑的过程也是情感相互交流的过程。如果借着开玩笑对别人冷嘲热讽，发泄内心的厌恶、不满的情绪，甚至拿取笑他人寻开心，也许有些人不如你伶牙俐齿，表面上你占了上风，但其他的人会认为你不能尊重他人，从而不愿与你交往。这样，你将失去很多朋友。

3.开玩笑时要区分对象

人的身份、性格、心情不同，对玩笑的承受能力也不同。同样一个玩笑，能对甲开，不一定能对乙开。一般来说，后辈不宜在长辈前开玩笑，下级不宜同上级开玩笑，女性不宜同男性开玩笑。

在同辈人之间开玩笑，则要掌握对方的性格特征与情绪。对方性格外向，能宽容忍耐，玩笑尺度稍微大一点也能得到谅解。对方性格内向，喜欢琢磨言外之意，开玩笑就应慎重。对方尽管平时生性开朗，如果恰好碰上不愉快或伤心事，也不应随便与之开玩笑。相反，对方性格内向，但正好喜事临门，此时与他开个玩笑，效果会出乎意料地好。

4.开玩笑时要分清场合

在开玩笑时一定要分清场合，一般来说，严肃静谧的场合，言谈要庄重，不能开玩笑。而在喜庆的场合，所开的玩笑应该能够烘托出一种喜悦的气氛。

★★★小贴士★★★

在与人交谈的过程中，得体的玩笑犹如润滑剂，可以松弛神经，活跃气氛，创造出一个适宜的交谈氛围。可以说，诙谐的人能受到他人的喜爱与欢迎，不懂得如何开玩笑的人，会让人觉得很沉闷。

狂言不出，麻烦不来

说话口出狂言的人，最容易招惹麻烦。例如，有的人因为自己的一点小成就就目空一切，口出狂言，而实际上并没有这样的能力，到最后让自己无法收场。这就是言之无忌、口出狂言给自己带来的麻烦。

所以狂言一出，麻烦也就随之而来。因此，要想少惹麻烦，就要把"说狂言"当作是说话中的一大禁忌，严格要求自己言行要低调，少给自己惹麻烦。

马峰虽到公司不久，却很快成了公司里的技术能手。但是，他有一个习惯，就是喜欢说大话，经常目空一切，高高在上，所以人际关系一团糟。

按照公司的规定，任何员工领取办公用品时，都必须先填表格，可他非要搞特殊，就是不填。行政人员建议他按公司规定办事，他口出狂言："你不就是一个打杂的，凭什么来要求我？咋那么多规矩呢！"

现实中，人都是有自尊的，如果你确实看不起别人，自己知道就行了，切不可到处宣扬。人的能力有高有低，但是在人格上总是平等的，任何一个人都没有理由看不起别人。其实，看不起别人，既不能给自己带来什么好处，又容易得罪人。

因此，说话要言之有忌，不要口出狂言，把不可能说成可能。

★★★小贴士★★★

在我们生活中也常会遇见这样的人，他们常常口出狂言："这世界上没有我办不到的事。"但是当别人真正去找他的时候，他却推三阻四。言之无忌讳，爱说大话的人，最后总是会被自己说的话所困扰，也会因此引来麻烦。